Gran Manual
de Magia Casera

D1365356

Gran Manual de Magia Casera

Tamara

Grupo Editorial Tomo, S. A. de C. V.
Nicolás San Juan 1043
03100 México, D. F.

1a. edición, septiembre 2005.
2a. edición, agosto 2008.

© *Gran manual de magia casera*
Tamara

© 2008, Grupo Editorial Tomo, S.A. de C.V.
Nicolás San Juan 1043, Col. Del Valle
03100 México, D.F.
Tels. 5575-6615, 5575-8701 y 5575-0186
Fax. 5575-6695
http://www.grupotomo.com.mx
ISBN: 970-775-161-4
Miembro de la Cámara Nacional
de la Industria Editorial No 2961

Diseño de portada: Emigdio Guevara
Supervisor de producción: Leonardo Figueroa

Impreso en México - *Printed in Mexico*

JUN 2009

Introducción

Desde los inicios de los tiempos, el ser humano parece haberse percatado de que fuerzas ocultas influyen en su destino. Vestigios de las primeras civilizaciones nos revelan cómo nuestros más antiguos antepasados deseaban alcanzar el conocimiento de los misterios del universo, intentando buscar ayuda o soluciones que les permitiera enfrentar enfermedades, "mala suerte", catástrofes o simplemente esperar que todo lo que hicieran les saliera bien.

Hoy en día, aun cuando los avances tecnológicos han alcanzado puntos insospechados, un gran número de personas, sin importar su profesión o grado escolar, continúan buscando ayuda y de una forma u otra han llegado a la magia. También no han faltado aquellos que le den la espalda, argumentando que es charlatanería, sin darle la oportunidad de que les brinde sus beneficios. En cambio hay quienes tienen una gran fe y han logrado solucionar muchos de sus problemas a través de la magia, dejando atrás su lamentable situación, enfermedad o mala suerte.

Asimismo, muchas personas piensan que los beneficios de la magia no están a su alcance, que la magia solamente es accesible para aquellos iniciados de las altas escuelas y que sólo a través de ellos se puede obtener algún favor. Sin embargo, el presente **Gran Manual de Magia Casera** está diseñado para que cualquier persona que desee obtener un beneficio lo pueda lograr de una manera fácil y económica.

Nuestra casa, y en especial la cocina, está llena de elementos básicos con los que podemos realizar muchos de los *trabajos* que requerimos para recobrar la salud, encontrar trabajo o mejorar cualquier aspecto de nuestra vida. Con ingredientes tan comunes como el aceite, el azúcar, o la canela, entre otros, es posible realizar sorprendentes hechizos sin ayuda de nadie.

Parece increíble que aquellas cosas que manejamos todos los días oculten celosamente mágicos poderes, y con este **Gran Manual de Magia Casera** podremos no solamente conocerlos, sino usarlos en nuestro beneficio.

Así pues, en tus manos tienes un elemento de gran ayuda, que te servirá para mejorar tu situación, y no sólo eso, sino también la de todos tus seres queridos. Cuando hayas comprobado la eficacia de la magia blanca que aquí te presentamos, no dudes en utilizarla a favor de los demás. Recuerda que el bien que les generes siempre retornará a ti cargado de bondades

Consideraciones

El propósito del presente libro es brindarte una guía práctica de magia blanca que puedas utilizar en el momento que tú desees, ya que todo lo que necesitas para realizar cualquiera de estos trabajos lo tienes al alcance de tus manos, en tu propio hogar. La mayoría de los ingredientes aquí involucrados son elementos que se pueden encontrar en cualquier casa común y corriente o que puedes conseguir fácilmente.

Para tu comodidad, el libro está dividido por ingredientes, aceite, agua, ajo, albahaca, apio, etc. Además hemos resaltado las propiedades mágicas de cada uno de estos elementos, así como un poco de su origen.

Si bien la mayoría de los ingredientes para los hechizos son comunes en nuestro hogar, es preciso contar con los siguientes elementos:

- Agua bendita
- Cerillos de madera
- Difusor de cerámica
- Velas de varios colores
- Inciensos

Por otra parte, es muy importante que en el momento de realizar el trabajo se tenga mucha fe en que el resultado va a ser positivo, y que el trabajo se realice con la seriedad y solemnidad que amerita el caso, ya que estamos manejando energías a las que se les debe de respetar y agradecer su ayuda.

Es importante también, que en aquellos hechizos en que se requiere utilizar fuego, éste sea encendido siempre con cerillos de madera, y NUNCA SOPLAR DIRECTAMENTE AL FUEGO para apagarlo, esto se hace utilizando un apagavelas o extinguirlo con los dedos.

Otro punto a considerar es que en aquellos trabajos en donde nos aclaran que debemos deshacernos de los desechos del trabajo, realmente debemos hacerlo y nunca dejar desechos en la casa o en una maceta o en el jardín. Debemos recordar que estamos manejando energías muy poderosas y por lo tanto hay que ser muy cuidadosos.

Fuera de lo anterior, todos los trabajos aquí señalados, son muy sencillos por lo que te deseamos felices y prontos resultados.

Los Elementos Mágicos

Aceite

En hebreo la palabra *hashemen* significa "el aceite"; si se cambia el orden de las letras, se obtiene la palabra *neshamá* que significa "alma". Si se sigue jugando con las letras, se crea la palabra *shemoná* que significa "ocho". Por ocho días, el aceite sirve como símbolo del alma, recordando el proverbio del Rey Salomón: *"el alma del hombre, es la lámpara de Dios"* (Proverbios 20:27).

El aceite se ha mantenido unido a la historia de la humanidad, tanto en la alimentación, como en determinadas creencias y ritos religiosos. El más antiguo es el de oliva, y sus usos son revelados por antiguos textos egipcios y hebreos. También es sabido que para el pueblo griego este preciado líquido era un símbolo de prosperidad y riqueza. Utilizaban la oliva de la primera presión, es decir el jugo que sale de las aceitunas, para las comidas; y la segunda carga o "molturación" era de uso exclusivo para ungir cuerpos y suavizar la piel. Por otro lado, para los judíos las virtudes del aceite consistían además en la conservación de alimentos.

Si bien tiene su parte mágica y su larga e indiscutible antigüedad, el aceite de oliva no es el único aceite utilizado en rituales y hechizos mágicos. A continuación daremos una breve explicación de los tipos de aceites que hoy en día podemos obtener incluyendo el de oliva:

Modo de extracción:

El aceite se extrae al moler y exprimir las semillas. A veces se utilizan prensas que trabajan con vapor y rodillos para prensar. En la actualidad es común el uso de solventes ligeros de petróleo para absorber el aceite. Cuando el solvente se evapora, queda el aceite.

Aceites que derivan de las plantas

Numerosas semillas o nueces pueden producir suficiente aceite para que la gente lo utilice en sus comidas, medicinas o jabones. Los vegetales también proporcionan mucho aceite. Los más comunes son los derivados de la soya (utilizada para la elaboración de margarinas), el algodón, el maní, el maíz, el sésamo, la linaza y el coco.

El aceite de oliva

Por miles de años se utilizaron piedras gigantes o inmensos pedazos de madera para extraer el valioso aceite de las aceitunas. Este sistema de extracción recibe el nombre de "presión o exprimido al frío". La primera presión rompe la aceituna pero sin partir la semilla, expulsando en seguida un jugo aceitoso, de allí se separa el aceite filtrando el agua. Las gotas de aceite derivadas de la presión al frío son las mejores, es el aceite más puro que comúnmente se conoce como "aceite virgen", y que utilizamos entre otras cosa para cocinar. Asimismo puede ser usado para encender llamas, pues el aceite de oliva produce la luz más bella. Fue también empleado con fines de belleza, ya que las mujeres se lo untaban en la piel y en el pelo.

El aceite de flores

Flores y plantas delicadas poseen aceite, que es lo que le da el aroma. Sin embargo, la cantidad de aceite que poseen es muy pequeña y por tanto debe ser extraído con mucho cuidado. Ese aceite recibe el nombre de "aceite de esencias". Se diferencia del aceite vegetal, por evaporarse más rápidamente.

El aceite de animales

Los animales también tienen aceite en su cuerpo en forma de grasa que se vuelve líquida cuando se calienta. La grasa de la leche se vuelve mantequilla, la grasa del pollo es lo que se conoce como "schmaltz".

El aceite de pescado se obtiene casi siempre del salmón, del arenque, las sardinas y especialmente de la ballena. La grasa de la ballena se hierve y de allí se extrae el aceite para hacer jabón, cremas faciales y el llamado "ambergris", utilizado para hacer perfumes.

El aceite de la tierra

Se encuentra a grandes profundidades en la tierra y también en el mar y recibe el nombre de petróleo. Cuando se refina el petróleo se usa para gasolina, kerosén, aceite para motores, lubricantes, brea para hacer plásticos, fertilizantes y también cauchos.

El significado de la lámpara de aceite.

La lámpara siempre ha tenido un significado positivo puesto que ilumina las tinieblas, asociadas a los peligros, a la desgracia, a la muerte y al mundo invisible y amenazador, y también aleja a los malos espíritus.

Existen infinidad de supersticiones relacionadas con la luz de estas lámparas, por ejemplo:

- Todavía hoy, en algunos lugares se mantiene la superstición de que hay que dejar día y noche una lámpara encendida al lado de la cuna de un recién nacido hasta el día del bautismo.

- Se deben dejar las lámparas encendidas durante la noche de Difuntos para ahuyentar a las criaturas del Más Allá.

- Una lámpara que silba, o que se apaga, anuncia una muerte, ya que, según la tradición, la llama simboliza la vida y es funesto que muera o se apague por sí misma.

- Si una mujer desea que su marido o su hijo vuelvan del extranjero, encenderá una lámpara y la dejará detrás de la puerta de entrada toda la noche. De ese modo, acelera el regreso y lo protege durante su ausencia.

- En los altares suele haber lámparas de aceite, muy apreciado para curar enfermedades, sobre todo el de las situadas en el altar de las reliquias o de santos que son objetos de una devoción especial.

Como hemos visto éstos son algunas de las propiedades y significados del aceite, sin embargo, el universo de usos y costumbres de este maravilloso líquido se ha extendido por las diferentes religiones del mundo y desde luego a usos esotéricos y mágicos.

Trabajos con Aceite

Ritual para conseguir lo que desees

Este hechizo es perfecto para conseguir aquellas cosas que sabes que son posibles obtener, pero que por alguna razón no terminan de solucionarse.

Ingredientes:

- ~ Aceite de oliva
- ~ Colonia personal
- ~ Lápiz y papel
- ~ Una vela, de preferencia que sea de siete capas de colores

Preparación

Existen en el mercado velas de siete capas de colores, pero si no la puedes conseguir fácilmente, puedes utilizar cualquier otra, que sea de un color claro y alegre. Hazle marcas para dividirla en siete trozos, de manera que cada día enciendas la vela, hasta consumirse esa porción.

Escribe el deseo en el papel, de forma concreta y utilizando la menor cantidad de palabras, después frota la vela con aceite de oliva y con tu colonia personal. Coloca la vela encima del papel y cuando sea Luna nueva o llena, enciende la vela hasta que se consuma un trozo, y así durante siete días seguidos. No quites la vela de encima del deseo en todo el ritual. Una vez que se haya consumido la vela, tira el papel y los restos de cera fuera de tu casa, en un sitio donde nadie lo pueda encontrar. (En la basura, enterrado, destruido con fuego).

Para conseguir
el amor de una persona

Si la persona que tú amas no corresponde a tu amor, este hechizo te será muy útil para atraer su atención.

Ingredientes:

- ~ Aceite de cocina
- ~ Aceite esencial de jazmín
- ~ Vela de color blanco
- ~ Papel y lápiz
- ~ Perfume de su preferencia
- ~ Una pequeña cajita
- ~ Una cinta roja

Preparación:

Graba en la vela el nombre de la persona de quien deseas obtener su amor. Frota la vela con aceite de cocina y tu perfume. Toma un papel, el cual deberá ser perfumado previamente con aceite esencial de jazmín, y escribe sobre él tu deseo. Coloca la vela en el centro del papel procurando que quede firme, puedes utilizar un pequeño portavelas y enciéndela mientras piensas profundamente en la persona amada. Deja que la vela arda un poco y luego apágala. Repite la operación de encender la vela durante siete días, a la misma hora; las mejores horas para hacer este hechizo son las horas del atardecer, y no olvides pensar en la persona amada. Transcurrido este tiempo, deja la vela apagada sobre el papel durante otros siete días y luego quema el papel totalmente, guarda las cenizas en la cajita atada con la cinta roja.

Conjuro para curarse del mal de ojo

El Mal de Ojo es uno de los trabajos de brujería que más temen algunas personas; se piensa que es producido por personas en las que impera el orgullo y la envidia.

Jamás se debe hacer el ritual con niños. Para realizar este trabajo, ya sea para otros o para nosotros mismos, es necesario estar en un estado anímico positivo, y tener el corazón y la mente limpios, pues poco podemos ayudar a un semejante si nosotros mismos estamos llenos de maldad, envidia u odio.

Ingredientes:

~ Una cucharadita de aceite de oliva
~ Un plato hondo
~ Agua

Preparación:

Vístete con ropas de color blanco y coloca agua en el plato hondo junto con el aceite. Arrodíllate en tu cama, pon el plato frente a ti y repite la siguiente oración:

"Santa Rita cúrame y protégeme. Retira este malestar que me aflige, devuélveme la paz y la armonía que sueles entregar. Tú puedes ayudarme y sanarme porque eres mi consejo y mi protección. Te ruego que vengas en mi auxilio y me otorgues nuevamente el don divino de la salud".

Repite estas palabras mágicas cada media hora si lo consideras necesario, y recuerda marcar tres veces la señal de la cruz en tu frente con los dedos humedecidos en el aceite, al terminar cada oración.

Para salir del estancamiento

Este trabajo de abrecaminos está enfocado a ayudarte a que salgas de un estancamiento, que puede ser espiritual, económico o laboral.

Ingredientes:

~ Aceite de cocina
~ Romero
~ Agua
~ Una olla pequeña o un difusor
~ Alcohol
~ Una botella pequeña

Preparación:

Machaca las hojas de romero y déjalas macerar en alcohol. Aparte, coloca el aceite en la botella y agrega las hojas maceradas y el alcohol en ella dejando reposar por un mes. Al cabo de este tiempo, hierve agua en una olla pequeña y vierte en ella un chorro del aceite de romero, de inmediato advertirás cómo el aceite se impregna al vapor, colócalo en un punto de la casa donde pueda emanar libremente sus vapores. Para crear un mayor efecto, se recomienda utilizar un difusor, que es una pequeña cazuelita de cerámica a la que se le prende una velita debajo y por encima se le coloca el aceite.

Nota: Es recomendable realizar este trabajo los días jueves.

Hechizo para alejar las energías negativas

Este trabajo nos ayudará a repeler ataques energéticos o deseos negativos de nuestros enemigos.

Ingredientes

~ Aceite
~ Una copa o vaso de cristal
~ Una rosa
~ Una botellita de cristal opaco

Preparación:

Corta los pétalos de la rosa y colócalos dentro del vaso o copa de cristal. Agradece a la flor por la ayuda que va a darte. Llena el vaso de cristal con el aceite y tápalo. Debes dejarlo siete días en un lugar oscuro y fresco, pero tienes que agitar el frasco todos los días para que el aceite se mezcle bien con la esencia de la flor. El octavo día, cuela el aceite y guárdalo dentro de la botellita de cristal opaca para que no le dé la luz. Pon unas gotitas de este aceite en la puerta de tu casa y también en las habitaciones, y ponte tú en las muñecas, cuello, etc. como si fuese perfume. También se lo puedes poner a las personas que desees proteger.

Hechizo para saber si se es víctima de un conjuro

Si sospechas que alguien te está haciendo un trabajo, no esperes más, realiza este hechizo y resuelve de una vez la situación.

Ingredientes:

- ~ Aceite de oliva
- ~ Una foto tuya
- ~ Un plato blanco
- ~ Agua
- ~ Una hoja de olivo

Procedimiento:

Para saber si eres víctima de algún conjuro, coloca tu foto sobre una mesa. Sobre la foto coloca un plato blanco con agua y pon en el centro la hoja de olivo. Derrama tres gotas de aceite de oliva (sólo tres) sobre la hoja. Si ves que se apartan, estás libre de maleficios. Si, en cambio, se quedan firmes, alguien te ha hecho un hechizo.

Hechizo para superar una situación de tensión laboral

En ocasiones el ambiente en el trabajo se vuelve tenso, las personas emiten sin querer energías negativas y por lo tanto la productividad decae. Este hechizo te ayudará a limpiar el ambiente, de tal forma que desempeñes con mayor rendimiento y armonía tu trabajo.

Ingredientes:

~ Una tacita de aceite de oliva
~ Un recipiente de barro
~ Gis o color blanco
~ Albahaca
~ Tomillo
~ Romero
~ Sándalo
~ Tres hojas de laurel fresco
~ Una vela de color dorado
~ Agua de rosas

Preparación:

En el recipiente de barro escribe con el gis o el lápiz de color blanco el nombre de la empresa. Pon en el recipiente el aceite de oliva, un poco de albahaca, un poco de tomillo, algo de romero, un poco de sándalo y las tres hojas de laurel. Prende la vela y deja caer sobre el recipiente, tantas gotas de cera como años tengas en ese momento. Cúbrelo con agua de rosas hasta el borde. Pon el recipiente en tu ventana o terraza a la luz de la Luna, desde el primer día de cuarto creciente hasta el primer día de cuarto menguante. Durante el día tápalo con algo negro para que no le dé el sol. El último día tira todo fuera de tu casa, a la basura.

Talismán para el amparo contra el mal

Deberás guardar este talismán en un lugar íntimo para que te dé su protección.

Ingredientes:

- ~ Una vela aromatizada con aceite de oliva
- ~ Una cartulina blanca
- ~ Bolígrafo de tinta roja
- ~ Una piedra de ágata
- ~ Una foto personal

Procedimiento:

En la cartulina blanca dibuja con tinta roja una estrella de cinco puntas, en su centro coloca la piedra de ágata y tu foto. Enciende la vela blanca aromatizada con aceite de oliva. Deja arder la vela y envuelve la piedra y tu foto con la cartulina.

Hechizo para lograr un descanso perfecto

Con este hechizo lograrás un sueño descansado y reparador.

Ingredientes:

- ~ Aceite de almendras
- ~ Incienso de lavanda
- ~ Pañuelo violeta

Preparación:

Antes de acostarte frota primero tus pies y luego tus manos con el aceite de almendras, mientras lo haces repite:

"Que el aceite me libere de la energía negativa que no me permite descansar. Ángel de la Guarda protege y dulcifica mis sueños"

Enciende el incienso de lavanda y coloca el pañuelo violeta debajo de la almohada.

Agua

Por todos es sabido que el agua es fuente de vida, elemento indispensable para nuestro existir. El agua colma los mares, los subsuelos, las cumbres y los valles. Nuestro "planeta azul" lo es porque está embebido de agua. Pero el agua es muy apreciada no sólo por proveernos de la subsistencia humana, sino también por ser un elemento mágico.

El baño un ritual mágico

Para muchos pueblos de la antigüedad, la acción de bañarse ha tenido un sentido de purificación y regeneración. Según nos cuenta la historia, los baños y la limpieza con agua han sido prácticas utilizadas por numerosas culturas desde hace miles de años, ya sea con fines terapéuticos, higiénicos, o en rituales religiosos destinados básicamente a la purificación.

Por ejemplo, el bautismo cristiano, las abluciones musulmanas y el *mikvah* de los hebreos ortodoxos que proceden de la inmersión ritual. En la Grecia antigua esta costumbre se generalizó a partir del siglo V a. C., sin embargo, fueron los romanos quienes a partir del siglo III a. C. desarrollaron una auténtica arquitectura de baños públicos calientes denominados *termas*.

Dentro de la magia esotérica, también se utilizan los baños cuando deseamos crear una atmósfera especial que nos ayude a alcanzar un estado de concentración, necesaria para dirigir la energía hacia el fin que nos hemos propuesto. Los baños constituyen, pues, un ritual que utiliza el agua como medio, y las esencias, los aceites y los polvos como elementos mágicos para la concentración, la relajación y la conquista de nuestros propósitos. Es un método sencillo y muy relajante que consiste tan sólo en añadir al agua del baño unas gotas de esencias, aceites o un pellizco de polvos o la infusión realizada con éstos.

El agua y su mágico poder de recepción

El agua es sinónimo de pureza por obvias razones, no obstante el agua es también un excelente receptor: si colocas un vaso de agua en una habitación donde las tensiones y malas vibras se sienten, el agua absorberá parte de este ambiente y el agua se contaminará. Pero pon un vaso de agua en una habitación de paz en la cual se eleven plegarias, el agua también logrará recibir estas buenas vibras, y podrá ser utilizada dentro de rituales y hechizos.

Por lo tanto, podemos afirmar que el agua se relaciona con nuestra fuerza más interna, o poder espiritual, y es por esto que dentro del mundo de la magia, muchas personas conocen la influencia del agua preparada bajo la influencia de la Luna llena, e incluso la que recogemos en la Noche de San Juan.

Trabajos con agua

Hechizo para purificación
(agua de rosas)

Esta agua sirve para purificarse de cualquier energía negativa, ya sea que se trate de una persona o una casa. Las mujeres que acaban de tener un bebé deben frotarse el cuerpo con esta agua para conservar su belleza y evitar estrías. También es indicada para relajarse y atraer el sueño.

Ingredientes:

- ~ Un litro de agua
- ~ 250 grs. de pétalos de rosas
- ~ Una botella con tapa

Preparación:

Coloca el agua junto con los pétalos en la botella y guárdala en el refrigerador durante una semana. Al pasar la semana rocía o frota con ella tu cuerpo o el lugar que quieras purificar.

Nota: Esta agua no guardará la fragancia de la flor, simplemente captará sus bondades.

Hechizo para cuando se va a contraer matrimonio (agua de naranja)

Este hechizo es muy recomendable para personas que vayan a contraer matrimonio o bien que estén en el inicio de una relación amorosa. También se puede usar cuando se planea ir a una fiesta o cena y se quiere atraer la atención de las personas ahí reunidas. Asimismo, es muy efectiva para las entrevistas de trabajo cuando se requiere dar una buena imagen. A los estudiantes no debería de faltarles en época de exámenes.

Ingredientes:

- ~ Un litro de agua
- ~ La raspadura de una naranja
- ~ 250 grs. de pétalos de azar
- ~ Una botella con tapa

Preparación:

En una botella vierte el agua y agrégale los pétalos de azar y la raspadura de la naranja. Guarda la botella con todo en el refrigerador por una semana. Al pasar la semana rocía o frota con ella tu cuerpo.

Nota: Esta agua no guardará la fragancia de la flor, simplemente captará sus bondades.

Hechizo para favorecer la comunicación (agua de lirio de Florencia)

Este trabajo sirve escencialmente para favorecer la comunicación entre las personas. Es muy efectivo cuando se rocía el agua en una habitación, antes de que se reúna un grupo de personas que tienen que llegar a un acuerdo importante. También estimula a la gente a decir lo que piensa de una forma sincera y serena. Darle un masaje a la persona amada con esta agua; hace que nos cuente sus secretos o sueños más ocultos.

Ingredientes:

- ~ Un litro de agua
- ~ 250 grs. de pétalos de lirio de Florencia
- ~ Una botella con tapa

Preparación:

Coloca el agua junto con los pétalos en la botella y guárdala en el refrigerador durante una semana. Al pasar la semana rocía o frota con ella tu cuerpo o riégala en la habitación que quieras favorecer.

Nota: Esta agua no guardará la fragancia de la flor, simplemente captará sus bondades.

Hechizo para un lugar relajante
(agua de limón)

Al rociar con esta agua el lugar donde nos encontremos, lograremos convertirlo en un lugar fresco, relajado y muy apropiado para descansar y relajarse. También evita que las personas hablen demasiado y puedan cometer una indiscreción. Es recomendable usarla en reuniones familiares, o profesionales.

Ingredientes:

- ~ Un litro de agua
- ~ La cáscara de tres limones
- ~ Una botella con tapa

Preparación:

Coloca el agua junto con las raspaduras de la cáscara de los limones y guárdala en la nevera durante una semana. Al pasar la semana rocía la habitación.

Nota: Esta agua no guardará la fragancia de la flor, simplemente captará sus bondades.

Hechizo para atraer el dinero
y mejorar la actividad laboral

Este trabajo nos ayudará a lograr un mejor desempeño laboral y a que los frutos de éste se conviertan en abundancia para nosotros.

Ingredientes:

- ~ Agua
- ~ Recipiente mediano de cristal
- ~ Velas flotantes de color azul

Preparación:

En un recipiente de cristal de tamaño mediano, pon agua y coloca algunas velas flotantes de color azul. Ubica el recipiente en la parte norte de tu casa. Enciende las velas y haz una oración pidiendo que mejores en tu trabajo y que la abundancia llegue a tu casa. Deja encendidas las velas hasta que se consuman totalmente.

Ritual para una buena salud

Haciendo esto lograrás que tu salud se conserve y en caso de enfermedad logres la cura. Lo puedes hacer indefinidamente hasta que te sientas bien.

Ingredientes:

- ~ Un vaso con agua
- ~ Lápiz y papel blanco
- ~ Tres piedrecillas de cuarzo
- ~ Una vela blanca
- ~ Una bandeja pequeña

Preparación:

Ofrece el vaso con agua a los Médicos invisibles de la Corte Blanca, en la noche, antes de acostarte; tómatelo en la mañana al levantarte, y da gracias por tu salud perfecta. Escribe sobre un papel blanco lo que deseas mejorar en tu cuerpo y tu mente. Colócalo en la bandeja, y sobre el papel escrito, pon los cuarzos acomodándolos en forma de pirámide con la vela en el centro. Medita y déjate curar. Ora y da gracias.

Baño para la salud

Permite que con este baño tu cuerpo reciba toda la energía magnética del universo. Es importante hacer esto en momentos de mucha armonía, para que dé buenos resultados.

Ingredientes:

- ~ Tina con agua
- ~ Un lirio blanco
- ~ Esencia o perfume de su preferencia
- ~ Incienso de sándalo
- ~ Vela rosa

Preparación:

Deja flotar el lirio en la bañera y agrega la esencia o perfume al agua; mientras flota el lirio piensa en que la unión de la esencia, el lirio y el agua estarán formando una trilogía de Poder y Magnetismo. Entra en el agua y piensa que se está cargando de vibraciones positivas, medita, ora, utiliza tu fuerza de voluntad y pide lo que desees. Prende el incienso y la vela rosa.

Para armonizar y proteger el hogar o la oficina

Con este ritual lograrás eliminar las malas vibras que hay en tu entorno, y además conseguirás crear un ambiente de armonía y paz.

Ingredientes:

~ Un vaso de vidrio con agua
~ Un rosario
~ Una vela blanca
~ Incienso de vainilla, rosa o canela
~ Música relajante

Los mejores resultados siempre se obtienen cuando provienen de cada uno de nosotros. Prepara tu ambiente para efectuar tu ritual; pon una música de meditación, clásica o relajante, y prende el incienso. Pon el vaso de agua en el lugar donde hagas la protección. Siéntete en armonía y ponte el rosario en el cuello. Pide Luz y Fuerza de protección, visualiza la puerta y mentalmente hazle una cruz, luego haz lo mismo en cada una de las ventanas del lugar. Enciende la vela y da gracias a la Santísima Trinidad, sintiendo que allí sólo entrará lo correcto en armonía y paz.

Conjuro para el amor

Si deseas que el amor sea parte de tu vida y fluya a tu alrededor, este trabajo te ayudará a abrir el camino para que llegue a ti.

Ingredientes:

- ~ Agua bendita
- ~ Un vaso de cristal
- ~ Papel
- ~ Bolígrafo de tinta negra

Preparación:

Pon dentro del vaso un poco de agua bendita. Escribe con tinta negra sobre el papel el nombre y apellidos tuyos y de la persona que deseas atraer hacia ti o hacia tu casa. Dobla el papel e introdúcelo dentro del vaso. Pon tu mano izquierda encima del vaso y di lo siguiente:

"Así como este papel y esta agua se funden, así se fundan y deshagan todos los males, hechizos, maleficios, malos quereres, malos deseos, envidias y maldiciones que tengamos en el cuerpo y en el alma, (di los nombres). Y así como se funde este papel con esta agua bendita, así se fundan, como en un abrazo, tu corazón con el mío, con la bendición de Dios Padre Omnipotente, de Dios Hijo, y de Dios Espíritu Santo. Amén".

Hechizo para atraer a la persona que le gusta

Con este conjuro lograrás hacer que llegue a tu vida la persona que te gusta. Y para tener mejores resultados, este trabajo lo debes hacer durante Luna llena, de preferencia en el mes de julio.

Ingredientes:

- ~ Un vaso con agua
- ~ Una vela

~ Una piedra
~ Incienso
~ Papel y lápiz

Preparación:

En una mesa rectangular coloca la vela (de cualquier color) en la parte superior derecha y la piedra en la parte superior izquierda. En la parte inferior derecha pon el vaso con agua y en la parte inferior izquierda pon el incienso. Después escribe en una hoja de papel el nombre de la persona que te gusta y pon las características que te gustaría que tuviera. La hoja de papel deberás colocarla en medio. A continuación reza una oración y después lee tu deseo y repite: "Así era, así es y así será". Por último, quema tu carta.

Mantra para desembrujar

Este mantra antiembrujamiento es muy efectivo. Deberás realizarlo durante nueve días seguidos a las seis en punto de la tarde.

Ingredientes:

~ Un vaso con agua

Preparación:

Quita de tu cuerpo todo objeto metálico. Haz una pequeña meditación para relajar tu cuerpo y abrir tu mente, sintiéndote en paz y en protección. Siéntate en el suelo en posición de flor de loto, sujeta el vaso de agua con las dos manos, acércalo a tu boca y "vibra" sobre el agua las siguientes palabras: "Ohm mani padme hum". La letra m es la que proporciona la ilación y la fuerza al mantra, y te ayudará a vibrar el agua. Repítelo nueve veces, y después tira el agua en una maceta.

Hechizo para reestablecimientos

Para ayudar al restablecimiento de un enfermo, procede a hacer este sencillo ritual por espacio de nueve días.

Ingredientes:

~ Un vaso de agua
~ Una vela grande color naranja
~ Papel y lápiz

Preparación:

Enciende diariamente, por la mañana, la vela, durante nueve minutos; coloca en su base el papel con el nombre y la fecha de nacimiento de la persona que quieres ayudar. Junto a la vela, coloca el vaso con agua y dentro del mismo deja caer una gota de la cera de la vela. El agua deberá renovarse cada día tirándola al retrete, para que con ella se vaya todo lo negativo.

Ritual para fortalecer el amor ya existente

Aun cuando nuestra relación amorosa sea firme, siempre puede surgir algo que desequilibre a la pareja, por lo que es conveniente realizar este ritual de vez en vez, para estrechar aún más los lazos amorosos.

Ingredientes:

~ Agua bendita
~ Escapulario de Santa Rita

- ~ Lacre rojo
- ~ Una botella pequeña, de plástico con tapa
- ~ Una bolsa de tela de algodón, blanca

Preparación:

Toma un escapulario de Santa Rita y guárdalo en algún lugar de tu casa. Toma una botellita y dirígete a siete iglesias diferentes, todas ellas del mismo credo religioso. En cada una de estas iglesias, recogerás un poco de agua bendita y la irás guardando en la botellita. Una vez recogida el agua bendita de las siete iglesias, toma un poco de lacre rojo y sella la botella. El lacre lo puedes adquirir fácilmente en una tienda de velas, incluso en papelerías especializadas. Una vez sellada la botella, ponla sobre la estampa de Santa Rita y repite:

"Santa Rita, lo que se da no se quita, por el poder santo que confiere el agua bendita".

Esta pequeña oración sólo debe decirse una vez, mirando fijamente la estampa, y seguidamente envuelve la botella y la estampa en la bolsa de tela blanca.

Ajo

Ya el poeta Ovidio recomendaba como un excelente exaltador de las emociones y apetencias sexuales, comer todos los días un diente de ajo con miel. Actualmente puedes tomar cápsulas de aceite de ajo que no dejan ese pesado aliento en la boca, o si no, comerlo crudo en forma natural.

Son tantas las leyendas que circulan alrededor de esta planta, que apenas si vamos a rozar algunas; pero basta que abramos cualquier libro de magia para encontrar este bulbo en todas partes rodeado de misterio y de propiedades excepcionales.

Aunque su origen está en Asia Central, chinos y egipcios ya lo utilizaban en la más remota antigüedad. Para la cultura egipcia el ajo representaba el cosmos, las pieles exteriores son los varios estados del cielo y el infierno, el arreglo de los dientes, el sistema solar; comerlos simboliza la unión del hombre con el universo, alimentando no sólo el cuerpo, sino también el alma. También alimentaban con ajos a los esclavos que construían las pirámides porque creían que el ajo les aportaba energía. Asimismo lo emplearon en el proceso de momificación y como moneda.

El ajo contiene extensas y reconocidas cualidades mágicas. Se utiliza para protección, curación, exorcismo, deseo sexual y antirrobos. El ajo se comía en las fiestas dedicadas a Hécate y se dejaba en una encrucijada como sacrificio en nombre de esta diosa. Lo utilizan para protegerse de la peste. En muchas culturas todavía se emplea para absorber enfermedades, sólo se tiene que frotar con los dientes de ajo, frescos y pelados, la parte afectada del cuerpo, y luego tirarlos al agua corriente. Otro de sus usos es la expulsión de espíritus malignos o exorcizar.

El ajo también es un gran protector; se pone en casa para evitar la intrusión del mal, para mantener alejados a los ladrones, si se le cuelga de los marcos de las ventanas y de las puertas; el ajo ahuyentará el mal de ojo y también todos los espíritus malignos. Protege las casas nuevas. Antiguamente lo utilizaban los marineros para evitar que sus barcas naufragaran.

Se muerde un diente de ajo para ahuyentar los malos intrusos, o esparciendo su polvo por el suelo. También se pone bajo las almohadas de los niños para protegerlos mientras duermen. Si se frota sobre las cacerolas y sartenes antes de cocinar elimina las vibraciones negativas que podrían contaminar los alimentos.

Trabajos con ajo

Hechizo contra el mal de ojo

Con esto ahuyentarás el mal de ojo y también todos los espíritus malignos.

Ingredientes:

- ~ Cabezas de ajo
- ~ Hilo rojo

Preparación:

Une con el hilo rojo algunas cabezas de ajo. Cuélgalas en los marcos de las ventanas y de las puertas.

Hechizo para combatir las pesadillas

Con esto se absorben las energías negativas que pueden penetrar durante el sueño.

Ingredientes:

~ Siete dientes de ajo macho
~ Hilo

Preparación:

Haz un collar con los dientes de ajo y cuélgalo en la cabecera de la cama. Cuando tenga visibles signos de deterioro, tíralo y haz uno nuevo.

Hechizo para afianzar una historia de amor

Este encantamiento permitirá reforzar hasta lo indestructible los lazos que te unen a tu pareja actual. Y para que surta efecto, deberás realizarlo en Luna llena.

Ingredientes:

~ Dos dientes de ajo
~ Dos cucharadas de miel silvestre
~ Recipiente pequeño

~ Un pañuelo rojo pequeño
~ Dos círculos de papel o cartulina blanco de 15
  cms. de diámetro

Preparación:

Muele los dientes de ajo y la miel hasta lograr una pasta uniforme. Guarda la misma en cualquier recipiente pequeño y envuélvelo con el pañuelo rojo. Déjala a la intemperie en cada noche de Luna creciente para realizar después el hechizo.

En una noche de Luna llena, prepara una cena íntima con tu pareja. Una hora antes de servir la mesa, toma la pasta que preparaste y pásala por toda la superficie de cada círculo de cartulina. Después, coloca una cartulina bajo tu plato y la otra bajo el plato de tu pareja. Al terminar de cenar, retira ambos círculos y envuélvelos en el pañuelo rojo que usaste anteriormente. Mientras el pañuelo esté en tu poder, la unión será indestructible.

Hechizo para mejorar la salud

El poder del ajo mejora la circulación sanguínea lo que logra combatir la impotencia y la frigidez, así como mejorar la salud en general.

Ingredientes:

~ Siete ajos
~ Siete almendras
~ Un vaso con miel

Preparación:

Toma las almendras y tritúralas hasta convertirlas en polvo fino. Luego lava y pela los ajos e introduce las almendras y los ajos en un vaso repleto con miel. Toda esta preparación deberás dejarla reposar durante siete días. Lo ideal, pasado este tiempo, será tomar una cucharada diaria de la misma. Si no digieres el ajo puedes optar por las cápsulas de ajo que surten el mismo efecto y no dejan olor en la boca.

Conjuro para conservar el trabajo

Hoy en día, cuando la situación del desempleo y recortes de personal nos rondan constantemente, es necesario buscar nuevas ayudas para continuar con nuestro trabajo y se mantenga el bienestar en nuestro hogar. Este sencillo rito te permitirá lograr la estabilidad de tu trabajo y conservarlo.

Ingredientes:

- ~ Tres dientes de ajo
- ~ Papel rojo
- ~ Una ramita de ruda
- ~ Tres listones de seda roja

Preparación:

Escribe siete veces en un trozo de papel rojo:

"Deseo con todas mis fuerzas conservar mi empleo. Júpiter, evita tropiezos en mi camino y ayúdame a permanecer en mi sitio con éxito".

Coloca los dientes de ajo en el centro del papel, dóblalo y envuélvelo con la ramita de ruda, atando todo con las tres cintas de seda roja. Guarda este paquete en algún armario o archivero de tu lugar de trabajo.

Ajonjolí

El Ajonjolí o sésamo se considera que tuvo su origen en Etiopía (África), y como regiones o países de diversificación secundaria fueron India, Japón y China. Después del descubrimiento de América, fue llevado a México, y más tarde a países de Centroamérica con climas cálidos de zonas tropicales.

Se dice que a pesar de su tamaño, es la más potente de todas las semillas y se le atribuyen diferentes propiedades como el aumento de virilidad, el rejuvenecimiento mental y físico, otorgando gran resistencia. Aumentan también las secreciones de las glándulas pituitaria, pineal y sexuales.

El ajonjolí es un excelente tónico para la piel y el pelo. Las semillas se pueden usar como cataplasmas para las úlceras, y como son muy duras es recomendable utilizar el aceite, licuarlas en agua a baja velocidad, hornearlas mezcladas en las masas del pan o de repostería, en pasta hecha con *ghee* o aceite. Tostadas (gomasio) pierden el 60% de su valor nutricional.

El aceite de sésamo, se emplea como base en la mayoría de los aceites medicinales del Ayurveda. En Occidente es conocido su uso para masajes corporales.

Ritual para la abundancia

Ingredientes:

- ~ Ajonjolí blanco crudo
- ~ Un tarro de cristal con tapa
- ~ Siete velas amarillas o doradas
- ~ Unas monedas doradas

Este "sésamo de la abundancia" es muy eficaz para la solución a un problema económico, de supervivencia monetaria, para completar el mes, o resolver una situación difícil. Debes de iniciar el ritual con la Luna en cuarto creciente.

Preparación:

Llena el tarro de cristal con el sésamo (ajonjolí) crudo, tápalo y colócalo en un lugar secreto o privado. Puede estar en el altar, si tienes, o en un rincón de tu habitación, o zona de meditación, incluso en la cocina si vives solo. Rodea el tarro con las monedas. Prende una vela, toma el tarro cerrado con las dos manos y di: "¡Ábrete sésamo! y que la abundancia material entre en mi casa". Deja la vela encendida hasta que se consuma. Los próximos seis días a partir del primero repite la misma frase sacudiendo el frasco suavemente para que "se mueva la abundancia". Enciende cada día una vela y deja que se consuma hasta el final.

Manten el frasco abierto hasta la Luna menguante, momento en que deberás taparlo, y no lo abrirás hasta la próxima Luna creciente. Hasta entonces repite el ritual de las siete velas. A partir de la segunda lunación, abre por unos días el frasco y repite la afirmación hasta que el dinero fluya de nuevo en tu vida.

Ofrenda para la salud, el amor y el dinero

Con esta ofrenda lograrás atraer salud, dinero y amor. Además de ser un bonito adorno para tu hogar.

Ingredientes:

~ Ajonjolí
~ Un plato o recipiente de cristal
~ Una rosa roja
~ Una manzana
~ Una moneda

Preparación:

Pon primero en el recipiente el ajonjolí, que servirá como base y te dará abundancia. Después pon los pétalos de la rosa roja para atraer el amor; pon la manzana para tener salud y por último, pon la moneda, que te dará prosperidad económica. Reza un Padrenuestro. Colócala en un lugar cerca de una ventana.

Albahaca

Albahaca (*Ocinum basilicum*), es una de las plantas más benéficas que existen. Protege el entorno contra lo negativo, te brinda claridad mental, actúa contra la angustia, y favorece el desarrollo psíquico y espiritual. Se recomienda tener una maceta de Albahaca en el hogar, para que "recoja" las energías negativas que allí hubiera.

Esta maravillosa y aromática planta es también utilizada para elaborar hechizos de amor, de riqueza, y como protección. El agradable perfume de la Albahaca fresca produce simpatía entre dos personas y por eso se usa para apaciguar el mal carácter entre los amantes. Se añade a los inciensos de amor y a los saquitos, y las hojas frescas se frotan contra la piel a modo de perfume amoroso natural. La albahaca se emplea en las adivinaciones amorosas. Si se desea saber si una persona es fiel o promiscua, se debe poner una ramita de Albahaca en su mano. Se marchitará de inmediato si esa persona es "ligera en el amor".

Esta planta proporciona riqueza a quienes la llevan en los bolsillos, y se utiliza para atraer clientes a un negocio colocando un poco en la caja registradora o en el marco de la puerta.

La albahaca asegura la fidelidad en la pareja. Esparciendo albahaca en polvo sobre el cuerpo de la persona mientras duerme, especialmente sobre el corazón, la relación quedará bendecida por la fidelidad.

Igualmente se esparce por el suelo, porque donde ella está, no puede existir el mal. Se emplea en los inciensos de exorcismo y en los baños de purificación. A veces se echan pequeñas cantidades en cada habitación de la casa para su protección. Otro uso que se le da a la albahaca es de control en las dietas para adelgazar, pero debe ser con la ayuda de otra persona, porque se dice que una mujer (o un hombre) no podrá comer alimento si, en secreto, se ha colocado albahaca bajo su plato. Finalmente, como regalo trae buena suerte a un nuevo hogar.

Trabajos con albahaca

Hechizo para la protección de la casa

Lo primero que necesitas para proteger tu casa de cualquier trabajo maligno, es tu propia actitud; tus pensamientos positivos durante el ritual son de vital importancia.

Ingredientes:

~ Ramas de albahaca morada
~ Jabón azul
~ Esencia de mejorana
~ Nuez moscada
~ Esencia o perfume de tu preferencia
~ Vela de color blanco
~ Aceite de almendra
~ Incienso de canela o vainilla
~ Flores
~ Música

Preparación:

Primero limpia tu casa con el jabón azul derretido en agua. Después hierve las ramas de albahaca, y añádele la esencia de mejorana, la nuez moscada y la esencia o perfume. Con esta mezcla limpia nuevamente quitando el jabón, y enciende la vela. Impregna la casa con el aceite de almendra y pídale a San Ignacio de Loyola para que saque todo el mal que perturba la casa. Utiliza los inciensos para despejar. Pon las flores para adornar y la música para armonizar.

Baño para mejorar las relaciones sexuales

Con este baño se eliminan los miedos o frustraciones, relacionados con el acto sexual. Este baño te ayudará a estar más relajado y poder disfrutar mucho más serenamente de una noche de amor desenfrenado. Debe tomarse, durante los tres últimos días, antes de la boda o encuentro.

Ingredientes:

~ Una cucharada de albahaca seca
~ Tres cucharaditas de orégano seco
~ Un litro de agua
~ Agua de rosas
~ Esencia de almizcle

Preparación:

Pon a hervir el agua, y retira del fuego. Vierte la albahaca y el orégano. Deja a temperatura ambiente. Cuando esté frío cuélalo, para añadirlo posteriormente a la tina de baño. Pon al agua de baño el agua de rosas y la esencia de almizcle. Báñate durante nueve minutos seguidos y sumérgete nueve veces. Es preferible no usar toalla, es mejor dejarse secar al aire y no volverse a bañar por lo menos en nueve horas.

Hechizo para saber si una persona es infiel

Libérate de cualquier angustia causada por la duda; haz lo siguiente y sabrás si una persona es honesta o promiscua.

Ingredientes:

~ Una ramita de albahaca

Preparación:

Pon la ramita de albahaca en la mano de la persona. Si se marchita de inmediato quiere decir que esa persona es ligera en el amor.

Amuleto para atraer la riqueza

La albahaca es una planta que proporciona riqueza a quienes la colocan en el lugar donde guardan su dinero.

Ingredientes:

~ Hojas de albahaca secas
~ Tela amarilla
~ Hilo y aguja

Preparación:

Confecciona una pequeña bolsita con la tela de color amarillo, pon dentro de ella las hojas de albahaca y ciérrala. Llévala contigo en tu bolsa, en los bolsillos del pantalón o en la cartera.

Para atraer clientes

La albahaca es una planta excelente para atraer la fortuna, y se puede utilizar de muy distintas maneras. Este trabajo es muy recomendable que lo realices si eres dueño de tu propio negocio.

Ingredientes:

~   Hojas de albahaca

Preparación:

Coloca un poco de hojas de albahaca dentro de la caja registradora o en el marco de la puerta.

Para que la pareja sea fiel

Además de atraer la fortuna, la albahaca también te ayuda a que tu pareja te sea fiel. Para lograr que su devoción por ti sea para siempre, sólo debes de seguir los siguientes pasos:

Ingredientes:

~   Hojas de albahaca seca

Preparación:

Haz polvo las hojas de la albahaca, espárcelo por el cuerpo de la persona mientras duerme, especialmente sobre el corazón. También esparce por el suelo, y la relación quedará bendecida por la fidelidad.

Conjuro para una limpia personal

Con esta sencilla limpia, expulsarás las malas vibras de tu ser, y limpiarás tu aura para darle brillo y fuerza.

Ingredientes:

- ~ Una maceta con una planta de albahaca que ya tenga flor
- ~ Jabón de avena o tomate
- ~ Una vela blanca
- ~ Una varita de incienso del aroma preferido
- ~ Una bolsa de plástico

Preparación:

Un día en que la Luna esté en cuarto menguante, toma un baño con el jabón de avena o tomate. Después, enciende la vela blanca y la varita de incienso. Corta con las manos unas ramas de la planta de albahaca hasta formar con ellas un manojo y pásalo por todo tu cuerpo repitiendo: "El mal se aleja de mi alma, de mi cuerpo y de mi vida". Cuando hayas terminado, deberás tirar el manojo de albahaca a la basura dentro de la bolsa de plástico.

Baño para la prosperidad

Ingredientes:

- ~ Un manojo de albahaca fresca
- ~ Unas varitas de canela
- ~ Agua
- ~ Una vela verde

Éste, como todos los baños, constituye un ritual muy poderoso. Además de ayudarte a materializar tus deseos, se lleva toda la energía negativa acumulada en el cuerpo.

Preparación:

Pon a hervir la albahaca y la canela, cuando suelte el hervor retíra del fuego y deja reposar. Después cuela la infusión y guarda el líquido. Llena tu bañera con agua caliente, enciende la vela y vierte la infusión. Toma un baño de veinte minutos.

Apio

No se sabe a ciencia cierta de dónde procede exactamente el apio. La presencia de formas silvestres de la especie en distintas regiones temperadas y pantanosas de Europa y del Asia Occidental, plantea una extensa zona como posible centro de origen; sin embargo, la mayoría de los expertos lo sitúan en la región Este del Mediterráneo. Desde hace casi 3,000 años se ha cultivado en esta zona, primero como planta medicinal y, bastante más tarde, a partir del siglo XVI, en Italia, como planta hortícola. Su difusión a otros países mediterráneos, al norte de Europa y a América es relativamente reciente.

Dentro de las propiedades del apio observamos que es un alimento muy adecuado para el buen mantenimiento de las relaciones sexuales, ya que es un excelente afrodisíaco. Como planta medicinal es utilizado desde la antigüedad y entre las afecciones en que el apio ejerce su influencia curativa se encuentran la gota, arritmias cardíacas y colesterol, sirve como expectorante y ayuda recuperar la voz.

Además de sus cualidades curativas, el apio también es un elemento muy eficaz dentro de la magia, ya que es considerado un elemento ideal para efectuar limpiezas en casas y comercios.

Trabajos con apio

Infusión para estudiar mejor

Esta infusión ayuda mucho para la concentración, te mantendrá más relajado. Tómala durante las épocas de exámenes.

Ingredientes:

~ Cuatro hojas de apio
~ Una cucharada y media de romero
~ Agua

Preparación:

Pon a hervir un litro de agua, cuando ya esté a punto de ebullición, añade el apio cortado en tiritas y el romero. Deja hervir durante quince minutos y reposar por dos horas. Cuela y ya está listo para beber. Puedes tomar, como mínimo, tres tazas al día. Si quieres endulzarlo agrégale una cucharada de miel y una pizca de sal.

Hechizo para la armonía
de la casa

Esta limpia te ayudará a sacar la envidia, celos, frustraciones, nervios y miedo, y a establecer un clima positivo entre los habitantes de tu casa. Es preferible que se realice en Luna creciente.

Ingredientes:

- ~ Una rama de apio
- ~ Una olla de barro
- ~ Un paño blanco de algodón
- ~ Una papa
- ~ Una cazuela de barro
- ~ Un litro de agua embotellada
- ~ Una cebolla pequeña
- ~ Un diente de ajo
- ~ Media zanahoria
- ~ Un paño amarillo de algodón
- ~ Un pedazo pequeño de calabaza
- ~ Siete hojas de lechuga
- ~ Medio nabo

Preparación:

Al amanecer, pon el litro de agua purificada en la olla y tapa con el pañuelo blanco. Lava las verduras muy bien, córtalas en trozos pequeños, ponlas en la cazuela con un vaso de agua y tapa con el pañuelo amarillo. Saca la olla y la cazuela a un lugar en donde puedan respirar —un balcón, una terraza o una azotea— durante veinticuatro horas. Pasado ese tiempo, pon la olla a fuego lento y cuando comience a hervir el agua, incorpora la cazuela donde están las verduras junto con la poca agua. Deja que hierva hasta que el líquido quede en una cuarta parte. El agua que te sobre puedes utilizarla para cualquier guiso. Da una cuchara sopera a cada una de las personas para quienes fue preparada, sirviéndoles directamente en su plato.

Hechizo para la energía sexual

Es un elixir afrodisíaco para tener una buena energía sexual. Un poder sin límites.

Ingredientes:

~ Una cabeza de apio
~ Cien gramos de azúcar
~ Un litro de vino tinto
~ Una botella con tapa

Preparación:

Tritura la cabeza de apio y mézclalo con el azúcar y el vino. Deja reposar la mezcla durante cinco días, removiendo la botella en la mañana y en la noche. Al sexto día cuela el líquido, ponlo en un frasco y guárdalo en un lugar fresco. Cuando tengas la preparación, vierte un par de cucharadas en la mañana y en la noche, ya sea en el café o en la bebida que ingieras.

Arroz

Se cree que el cultivo del arroz se inició hace más de 6,500 años, desarrollándose paralelamente en varios países: los primeros cultivos aparecen 5000 a. C., en el paraje de Hemu Du, en China, así como en Tailandia hacia 4500 a. C., para aparecer luego en Camboya, Vietnam y al sur de la India.

En las tradiciones de muchos lugares se incluye el arroz para producir algún efecto determinado:

- Para proteger el hogar se debe regar arroz sobre el tejado. Un frasco pequeño de arroz también protege.

- Para que llueva se debe arrojar arroz al aire.

- Para ayudar a la fertilidad se debe arrojar arroz a las parejas de recién casados.

También se utiliza el arroz en los hechizos relacionados con dinero.

Trabajos con arroz

Hechizo para conocer a la pareja ideal

Este hechizo te ayudará a conectarte con una persona con la que tendrás posibilidades de comenzar una intensa historia de amor. Realízalo en Luna creciente.

Ingredientes:

~ Doce granos de arroz
~ Un lirio blanco
~ Seis rosas blancas
~ Un recipiente de vidrio, pequeño, con tapa
~ Un cordón blanco, largo, para rodear tu cintura
~ Hoja de papel blanca
~ Bolígrafo con tinta roja
~ Un incienso de rosa
~ Agua

Preparación:

Por lo menos dos días antes del ritual, hierve el lirio en dos litros de agua durante tres minutos. Apaga el fuego y agrega una taza de agua helada, los pétalos de rosa y los granos de arroz. Vierte todo en el recipiente de vidrio y déjalo expuesto a la luz de la Luna toda la noche. Al amanecer, dibuja con el bolígrafo rojo una paloma sobre la hoja de papel blanco.

Introduce en el líquido el dibujo de la paloma, tapa el recipiente y sacúdelo con mucha fuerza hasta que el dibujo comience a romperse por la acción del agua y el movimiento. Durante ese día, repite la operación un total de siete veces, antes de que anochezca. Finalmente, vuelve a dejar el recipiente abierto a la luz de la Luna hasta el amanecer. Luego tapa y consérvalo en un lugar oscuro hasta su utilización.

En una noche de Luna creciente en la que te dispongas a salir o realizar una actividad social que implique compartir un espacio con otras personas, debes exponerte a la luz de la Luna en un lugar abierto o a través de una ventana. Desnuda tu torso. Enciende el incienso y pasa por el humo el cordón blanco, que luego enlazarás alrededor de tu cintura. Toma el recipiente, sacúdelo fuertemente varias veces, inclina la cabeza hacia delante y humedece con el líquido tu nuca. Luego toma un baño sin quitarte el cordón blanco, el cual deberás llevar bajo tus ropas al sitio donde te dirijas esa noche. Cuando el encuentro se concrete, entierra los doce granos de arroz en una maceta.

Ofrenda para el dinero

Ten la seguridad de que al realizar esta ofrenda, la energía de emanación que fluirá de allí será productiva. De preferencia elabórala un día de Luna nueva.

Ingredientes:

- ~ arroz
- ~ recipiente de cristal o plata
- ~ monedas
- ~ semillas de trigo

Preparación:

En el recipiente de cristal o plata, unifica tres montoncitos de arroz y pon las monedas y las semillas de trigo. Ubícala a la entrada de tu hogar.

Para favorecer la buena suerte

Para atraer la buena suerte, puedes hacer este hechizo cada mes, o según te convenga.

Ingredientes:

- ~ Arroz
- ~ Leche
- ~ Canela
- ~ Recipiente de vidrio
- ~ Velas de color blanco

Preparación:

Pon a calentar la leche, agrégale el arroz y la canela, cuando esté cocido el arroz, déjalo enfriar. Colócalo en el recipiente y ubícalo en la cabecera de tu cama manteniéndolo ahí durante ocho días; luego, deséchalo. Prende velas de color blanco.

Amuleto para que no falte la comida

Con este amuleto asegurarás que siempre haya buena comida en la mesa. Realízalo de preferencia en día lunes.

Ingredientes:

- ~ Unos granos de arroz
- ~ Tela de color amarillo
- ~ Hilo y aguja

Preparación:

Elabora una pequeña bolsita con la tela amarilla, llénala con los granos de arroz y ciérrala. Llévala en tu bolso o en los bolsillos del pantalón, siempre contigo.

Ritual para enamorar

Este trabajo te ayudará a capturar la atención de tu ser amado, y más tarde también lograrás su amor.

Ingredientes:

- ~ Arroz
- ~ Una foto de la persona que quieres
- ~ Un sobre para carta
- ~ Tres velas rojas

Preparación:

Toma la fotografía, preferiblemente en color, de la persona que quieres enamorar; si no la tienes, intenta dibujar la cara de esa persona con el mayor parecido posible y pon su nombre abajo del dibujo. Mete la foto o el dibujo en el sobre de correo. Con el arroz dibuja en el suelo un corazón y a su alrededor pon las tres velas, formando un triángulo.

A continuación, pon dentro del corazón que dibujaste en el suelo, el sobre con la fotografía o dibujo, y visualiza mentalmente a la persona que quieres enamorar mientras enciendes las velas. Mientras las velas se queman, sigue manteniendo el deseo de esa unión tan fuertemente como puedas. Una vez que las velas se hayan consumido hasta la mitad, más o menos, apágalas.

Toma el sobre, saca la fotografía o dibujo y mirándola fijamente repite:

"Como esta fotografía (dibujo) está en mis manos, que el corazón y los sentimientos de (nombre de quien quieras enamorar), vengan a mí para siempre, y la bendición de San Valentín fusione sus ilusiones y las mías. ¡Por San Valentín protector de los enamorados! Amén".

Azúcar

El azúcar no era conocido en la antigüedad. Ninguno de los libros antiguos lo menciona. Los profetas sólo consignan unas cuantas cosas sobre la caña de azúcar, un raro y caro lujo importado de tierras lejanas. Se atribuye al imperio persa la investigación y el desarrollo del proceso que solidificó y refinó el jugo de la caña, conservándolo sin fermentación para posibilitar su transporte y comercio.

Esto ocurrió poco después del año 600 de nuestra era y comenzó a usarse como medicina. En esa época, un trocito de azúcar era considerado como una rara y preciada droga. La llamaban *sal india* o *miel sin abejas* y se importaban pequeñas cantidades a un gran costo. Herodoto la conocía como *miel manufacturada* y Plinio como *miel de caña*.

El azúcar se ha usado durante mucho tiempo en pociones de amor y deseo sexual. Mastica un trozo de caña de azúcar mientras piensas en la persona amada. El azúcar también se esparce para expulsar el mal, limpiar y purificar los lugares antes de los rituales y hechizos.

Trabajos con azúcar

Baño para el bienestar familiar

Será suficiente con que un miembro de la familia se dé estos baños, para pedir por el bienestar de la familia.

Ingredientes:

~ Una cucharada de azúcar
~ Flores blancas (una flor por cada miembro de la familia)
~ Agua bendita
~ Salvado
~ Agua
~ Una vela blanca

Preparación:

En un recipiente mezcla en agua las flores, macerándolas con las manos. Después agrega los demás ingredientes. Date de cuatro a ocho baños, ofrece la vela blanca pidiendo por tu beneficio y el de toda tu familia.

Para conseguir trabajo

Este hechizo, que seguro te ayudará a encontrar trabajo, deberá hacerse de preferencia en lunes de Luna creciente.

Ingredientes:

~ Azúcar

~ Un ladrillo
~ Papel aluminio
~ Un plato nuevo de barro
~ Una vela de color azul
~ Aceite de sándalo
~ Cuatro monedas de plata (no importa la denominación)
~ Sal
~ Agua

Preparación:

Forra el ladrillo con el papel aluminio y colócale encima el plato de barro. Vierte el aceite de sándalo a la vela y espolvoreale azúcar. Pon la vela en el centro del plato, enciéndela y di:

"Señor y Señora (o como tú los llames) su energía y vibración suprema que sostiene el universo, que llegue hasta mí y transforme toda vibración y actitud destructiva en energía creadora y constructiva del mundo que me rodea. Potencien mis capacidades, bendigan mi trabajo y el producto que se genere. Amén".

Coloca alrededor de la vela y en forma de cruz las cuatro monedas de plata. Agrega una pizca de sal a cada una y un poco de agua hasta que se moje la sal; luego di:

"Que la energía creadora de cada elemento vibre y reproduzca la creación, que se multiplique todo hecho benéfico y se nulifique todo elemento contrario a mis intereses, y el trabajo sea siempre fructífero".

Manten siempre encendida una vela azul vestida igual.

Conjuro para ganarse la amistad de alguien

Este conjuro te ayudará a conseguir la amistad de alguien que no te quiere. De preferencia realízalo en viernes.

Ingredientes:

~ Azúcar morena
~ Un recipiente de vidrio
~ Una vela blanca
~ Un alfiler o algo puntiagudo

Preparación:

En la vela blanca, graba tres veces con el alfiler el nombre de esa persona. Posteriormente coloca la vela en el recipiente, el cual deberá estar lleno del azúcar morena. Enciende la vela y di: "Derribo la barrera de tu hostilidad, pronto seremos amigos (o amigas)". Deja que arda la vela hasta que se consuma, recoge todo y al día siguiente echa los restos del azúcar y de la cera de la vela frente a la casa de esa persona o cerca de un lugar donde vaya todos lo días.

Conjuro para limpiarse el mal y atraer el bien

Todas las personas somos como "antenas", y constantemente captamos energías positivas y negativas. Mediante este hechizo lograremos deshacernos de las malas vibras y captaremos más energías positivas. Debes de comenzar este trabajo en martes.

Ingredientes:

- ~ Siete cucharadas de azúcar
- ~ Un vaso con agua, de preferencia bendita
- ~ Siete cucharaditas de canela
- ~ Una cucharada de miel

Preparación:

Vierte en el vaso con agua el azúcar, la canela y la miel, mientras dices: "Agua pura y bendecida, por el amor y la buena voluntad, que las malas vibraciones, los odios, los rencores, se endulcen en tu seno y se conviertan en miel". Conserva este vaso en un lugar seguro por siete días. Al cabo de ese tiempo tíralo al excusado y jálale.

Hechizo para mantener a la pareja unida

Para que nada ni nadie consiga distanciar a una pareja, realiza este hechizo estando la Luna en cuarto creciente.

Ingredientes:

- ~ Azúcar
- ~ Un cuarzo blanco
- ~ Siete monedas de cobre
- ~ Un plato blanco
- ~ Cuatro cintas negras
- ~ Cuatro cintas rojas
- ~ Colonia con aroma de rosas
- ~ Agua de sal
- ~ Un chorro de amoniaco

Preparación:

En el plato pon el azúcar, las monedas y el cuarzo blanco formando una pirámide. Colócalo abajo de la cama que comparten, y en las cuatro patas de la cama ata las cintas negras que previamente hayan sido empapadas en colonia con aroma de rosas. Déjalas por dos horas, posteriormente quítalas y pon ahora las cintas rojas previamente mojadas en la colonia. Las que quitaste se queman y las cenizas se tiran al agua. Si algún día quieres limpiar bajo la cama, lava las monedas y el cuarzo con agua de sal y un chorro de amoníaco. Luego, las colocarás nuevamente en su sitio.

Amuleto para atraer dinero

Ingredientes:

~ Azúcar
~ Uvas
~ Un vaso de vidrio
~ Agua
~ Un billete de poco valor
~ Un pañuelo amarillo

Preparación:

Llena el vaso con agua y agrégale una uva, coloca el billete dentro del vaso y déjalo una noche de Luna llena en el marco de tu ventana. Durante las tres noches posteriores deberás agregar una cucharada de azúcar al vaso, siempre un poco antes de la medianoche. Al cuarto día, toma el billete, déjalo secar al sol y luego envuélvelo con el pañuelo. Guárdalo así dentro de una cartera o billetera que ya no uses. Tres veces por año, repite el ritual y siempre guarda los billetes juntos, dentro del mismo pañuelo. Las uvas utilizadas deberán ser enterradas en una maceta.

Canela

La canela genuina proviene de Sri Lanka (Ceilán); quizá sea ésta una de las especias más antiguas que se conozcan, existiendo registros de ella en los primeros escritos de la medicina china y ayurvédica. La canela de mayor calidad es la de Ceilán (*Cinnamomum zeylanicum*), mientras que la *cassé*, o *casia* es originaria de China, y también se cultiva en Indochina, Indonesia y América Central.

A través de la historia el monopolio del mercado de la canela fue de incomparable valor. Varios pueblos lucharon para obtenerlo, entre ellos los árabes, los griegos, los romanos, los portugueses y los ingleses.

En la antigüedad la canela era usada con fines medicinales, mientras que hoy esos usos han sido reducidos al de su aceite esencial, que resulta antiséptico y antibiótico. También posee una acción carminativa, estimulante y aromatizante.

Por otro lado, cuando se quema la canela como incienso, origina elevadas vibraciones espirituales, favorece la curación, obtiene dinero, estimula los poderes psíquicos y produce vibraciones protectoras.

La canela también se emplea para hacer saquitos e infusiones con estos mismos propósitos.

Esta especia proporciona una fuerza bioeléctrica adicional que se puede utilizar para los rituales mágicos.

Trabajos con canela

Baño para los negocios

Este baño lo puedes ofrecer dando gracias por el desarrollo de lo anhelado.

Ingredientes:

- ~ Canela
- ~ Tres girasoles
- ~ Miel de abeja
- ~ Incienso de canela (opcional)

Preparación:

Pon a hervir la canela con la miel; cuando esté fría añade los girasoles estrujados. Vierte la loción en la tina del baño. Haz esto durante tres baños seguidos. Puedes prender un incienso de canela.

Hechizo para la protección del hogar

Las propiedades de la canela te ayudarán a proteger tu casa. Además el olor de esta especie, es muy agradable y ayuda a disminuir la fatiga y el estrés.

Ingredientes:

- ~ Canela en polvo
- ~ Un recipiente de cristal con agua
- ~ Una vela rosa
- ~ Incienso de canela

Preparación:

Si tienes alfombra, riega canela en polvo, y cuando pases la aspiradora siente que estás absorbiendo todas las energías negativas y los obstáculos. Ofréndales el agua a los Maestros de Luz y enciende la vela. Si no tienes alfombra, utiliza el incienso de canela y limpia el piso con un poco esencia de canela diluida en agua.

Hechizo para enfrentar juicios y trámites

Si tiene que tratar con abogados, enfrentar juicios o firmar contratos, pon en práctica este conjuro. Atraerá la buena fortuna y la suerte para un resultado favorable.

Ingredientes:

- ~ Una cucharadita de canela en polvo
- ~ Tres pétalos de clavel blanco
- ~ Tres semillas de anís estrellado
- ~ Tres cucharadas soperas de aceite de oliva

Preparación:

Siete días antes de presentarte en los tribunales prepara el siguiente aceite para un baño de inmersión: Mezcla bien todos los ingredientes, déjalos macerar dos días, y al tercero, filtra. Guárdalo en un frasco de vidrio bien tapado, en la oscuridad, por dos días.

El sexto día, uno antes del juicio o de firmar cualquier papel legal, llena la bañera y agrega siete gotitas de este aceite. El séptimo día, es decir el "señalado" y antes del evento, unta una gota del aceite en cada antebrazo, en el pecho, en la garganta, detrás de cada oreja y en tu frente. Con esto quedarás protegido de las posibles trampas, estafas o resultados adversos y encontrarás las palabras exactas o ideas que debas expresar en ese momento.

Para protegerse de la envidia

No es neceario que seas una persona exitosa o adinerada, muchas personas pueden envidiar algun aspecto de tu vida, tu familia, tu trabajo, tu aspecto y hasta tu carisma. Es recomendable que periódicamente realices este trabajo para despojarte de cualquier envidia y así aligerar tu aura.

Ingredientes:

~ Canela en polvo

Preparación:

Los primeros sábados de cada mes espolvorea un poco de canela por tu cuerpo a la hora del baño o ducha, mientras dices: "Los ojos que mal te miran, se apagarán pronto". Repite este mantra todas las veces que necesites hasta que te sientas a gusto.

Ritual para encontrar
cosas extraviadas

Este ritual también sirve para ganar causas perdidas.
Es mejor si lo haces el trece de junio.

Ingredientes:

- ~ Canela en polvo
- ~ Aceite esencial de rosas
- ~ Trece velas blancas

Preparación:

Unge con la esencia todas las velas de la base al pabilo,
y después espolvoréalas con la canela. Mientras lo
haces, di: "San Antonio, las cosas y las causas justas
son ganadas o halladas por tu mediación. San Antonio,
ayúdame a ganar (tal caso) o a encontrar (tal cosa)".
Prende las velas en un lugar seguro y déjalas que se
consuman. Cuando se hayan consumido entierra los
restos.

Carbón

Se cree que la mayor parte del carbón fue formado
durante la era carbonífera hace de 280 a 345 millones
de años. El hombre extrae carbón desde la Edad Media.
En los yacimientos poco profundos, la explotación es a
cielo abierto. Sin embargo, por lo general las explota-
ciones de carbón se hacen con minería subterránea, ya
que la mayoría de las vetas se encuentran a cientos de
metros de profundidad.

El carbón vegetal tiene la propiedad de absorber las impurezas. De igual forma, acapara los fluidos negativos enviados contra las personas, evitando que penetren en su plano astral.

Trabajos con carbón

Hechizo para atraer el amor

Con este trabajo lograrás atraer el amor a tu vida. Tendrás mejores resultados si lo haces en viernes.

Ingredientes:

~ Carbón
~ Una cucharadita de ámbar
~ Una cucharadita de muérdago seco
~ Pétalos secos de rosa roja
~ Hoja de papel blanco
~ Bolígrafo

Preparación:

Escribe sobre la hoja blanca tu nombre y el de la persona amada. Quema sobre el carbón encendido la cucharadita de ámbar, la cucharadita de muérdago seco, los pétalos secos de la rosa roja, y el papel con los nombres.

Para combatir un maleficio

Este hechizo te ayudará si sientes que has sido víctima de algún maleficio.

Ingredientes:

- ~ Tres trozos de carbón de leña
- ~ Una bolsita de tela color negra
- ~ Papel color blanco

Preparación:

Coloca dentro de la bolsita de tela negra los tres trozos de carbón. Llévala colgada del cuello durante siete días. A la hora de dormir, déjala en el buró y vuelve a colgártela al día siguiente. Al octavo día saca los trozos de carbón de la bolsita (con guantes o pinzas, sin tocarlos directamente), envuélvelos por separado en el papel de color blanco y arrójalos en agua que corre. Repite la operación tres veces seguidas.

Para atraer energías positivas

Con este hechizo atraerás energía positiva; lo puedes hacer en tu casa u oficina.

Ingredientes:

- ~ Carbón
- ~ Canela en polvo
- ~ Azúcar

Preparación:

Quema sobre el carbón encendido una mezcla de canela en polvo y azúcar en partes iguales. Camina llevando el humo por toda la casa u oficina mientras dices una oración.

Para alejar las malas energías del hogar

Con este hechizo se alejan todas las malas energías de tu casa. Hazlo una noche de Luna llena.

Ingredientes:

- ~ Carbón
- ~ Una cucharadita de hojas de ruda
- ~ Una cucharadita de azufre
- ~ Una cucharadita de mirra

Preparación:

Haz polvo las hojas de ruda. Elabora una mezcla con la ruda, el azufre y la mirra. Coloca la mezcla sobre el carbón encendido y deja que el humo se difunda por todo el lugar.

Amuleto para el éxito comercial

Éste es uno de los amuletos más eficaces para la buena suerte, que además aleja a los malos espíritus y ayuda a vivir en la abundancia.

Ingredientes:

~ Un pedacito de carbón
~ Seda color rojo intenso
~ Pétalos de rosa roja seca
~ Un anillo de matrimonio de tu madre o abuela
~ Un garbanzo
~ Dos dientes de ajo
~ Una moneda de oro o plata
~ Un trocito de raíz de lirio
~ Una pluma de ave
~ Una cáscara de limón
~ Lavanda

Preparación:

Con el trozo de seda confecciona una pequeña bolsita. Dentro de la misma incorpora todos los ingredientes. Lleva siempre consigo esta bolsita, cerca de la piel.

Conjuro para alejar el amor de alguien

Para este conjuro puedes utilizar la foto o alguna prenda de vestir de esa persona con la que quieres cortar alguna relación, ya sea de amor, amistad, trabajo, etcétera.

Ingredientes:

~ Carbón
~ Azúcar
~ Vinagre
~ Una foto de la persona que queremos alejar

Preparación:

Prende el carbón; cuando ya esté prendido echa un puñado de azúcar, cuando veas que comienza a emanar el humo del azúcar al quemarse, di en voz alta: "De la misma forma que este fuego termina, que mi (amistad, amor, sociedad, etc.) con (nombre de la persona), termine para siempre". Una vez finalizada dicha petición, rocía el azúcar y los carboncillos con el vinagre.

Con este ritual también puedes conseguir que las personas que te molestan o que consideras son una mala influencia o compañía para ti, se alejen para siempre.

Cebolla

La cebolla es uno de los vegetales comestibles más antiguos, tiene una historia de 3,500 años. Sus orígenes no son muy claros, aún cuando posiblemente su tierra de origen parece ser el Asia Menor y el Mediterráneo.

Era uno de los alimentos preferidos por los egipcios que la adoraban como divinidad, y junto con el ajo, constituía la única fuente de sustentación para los esclavos ocupados en la construcción de las pirámides.

Los griegos y los romanos la usaban para curar la tos, el resfriado y el mal de garganta, y con un poco de sal, constituía un desayuno habitual, además de ser usada en innumerables platillos.

En la magia se usa para protección, exorcismo, curación, dinero, sueños proféticos y deseo sexual.

La fragancia de la cebolla sirve para proteger el hogar, su potente olor levanta una fuerte barrera contra la negatividad.

Sus hojas son decorativas y pueden secarse y ponerse en el hogar para construir un atractivo amuleto protector.

Trabajos con cebolla

Hechizo para estimular el deseo

Este trabajo te dará resultados sorprendentes, logrando relaciones más vigorizantes.

Ingredientes:

- ~ Cebolla
- ~ Miel
- ~ Manteca
- ~ Jengibre
- ~ Un frasco con tapa

Preparación:

Mezcla la cebolla con la miel, la manteca y el jengibre hasta obtener una mezcla y guárdala en el frasco. Toma una cucharadita diaria de esta mezcla.

Hechizo para
multiplicar las ventas

Si crees que tu negocio necesita un empujón en ventas, este trabajo te será de gran utilidad, ya que en breve podrás ver los resultados.

Ingredientes:

- ~ Una cucharada de cebolla deshidratada en polvo
- ~ Una cucharada de canela
- ~ Una cucharada de cáscara de limón, rallada
- ~ Una pizca de sal
- ~ Tres hojas de menta molida
- ~ Una cucharadita de cerveza en polvo

Preparación:

Mezcla la cebolla en polvo, la canela, la cáscara de limón, la sal, las hojas de menta molida y la levadura de cerveza en polvo. Todos los miércoles en la mañana esparce un poco de este preparado en la entrada de tu comercio y en algún rincón de la vidriera. También guarda un poquito en un pequeño estuche para colocarlo dentro de la caja registradora.

Clavo

"**E**s muy posible que la nuez moscada evoque el olor al mar, pero con los clavos de olor uno puede verlo". Este viejo adagio se refiere a que las cosechas de clavo de olor florecen en las islas. El árbol del clavo con unas hojas verdes y fragantes es originario de las Molucas, en el archipiélago indonesio.

Antiguamente, la gente de las Molucas, o islas de las especias, plantaban un clavo de especia para celebrar el nacimiento de cada niño. Si el árbol florecía, era un buen presagio para el recién nacido, a quien le colocaban un collar de clavos como protección contra los malos espíritus y las enfermedades.

En China, desde épocas muy tempranas, el clavo ya era muy apreciado por sus bondades medicinales. Se tiene referencia de su uso en esa región ya en el año tres antes de Cristo. Los dignatarios que visitaban al emperador estaban obligados a refrescarse el aliento chupando clavo; actualmente, con una sustancia llamada eugenol, que se extrae del aceite de clavo, se elaboraran dentífrico y colutorios.

El clavo tiene muchos empleos mágicos, se utiliza para protección, exorcismo, amor y dinero.

Quemado como incienso, el clavo atrae riquezas, elimina las fuerzas hostiles y negativas, produce vibraciones espirituales y purifica el lugar. También sirve para impedir que los demás hablen a tus espaldas y para atraer al sexo opuesto.

Trabajos con clavo

Hechizo para la suerte, en los negocios y en el juego

Si eres dueño de tu propio negocio o eres aficionado al juego, esta loción te ayudará a obtener éxito en cualquiera de las dos activiades.

Ingredientes:

- ~ Clavo
- ~ Aceite de rosas
- ~ Tres rajas de canela
- ~ Una raíz de valeriana pequeña
- ~ Flores secas de azahar

Preparación:

Coloca todos los ingredientes en un frasco y ponlos al sol y al sereno durante tres días. Luego, úsalo como perfume para la suerte; si eres hombre es recomendable añadirle colonia de lavanda; si eres mujer esencia de violeta.

Baño para olvidar
un amor

Cuando una relación sentimental termina, siempre quedan ciertos lazos de unión que dificultan el olvido. Antes de realizar este baño, es conveniente que estés muy seguro de que realmente quieres terminar esta relación, porque el baño te ayuda a olvidar, pero no de una forma inmediata, por lo que mientras dure el tratamiento, es aconsejable que no mantengas relaciones sexuales con la otra persona, e incluso procures evitar cualquier tipo de contacto. El tiempo de realización de este hechizo es de tres semanas, y hay que hacer el ritual tres veces a la semana, hasta sumar nueve baños.

Ingredientes:

- ~ Siete clavos
- ~ Siete nueces con cáscara
- ~ Siete almendras con cáscara
- ~ Agua
- ~ Gel o sales para baño

Preparación:

Pon a cocer en un recipiente y durante aproximadamente tres horas a fuego lento, las siete nueces, con la cáscara, las siete almendras también sin pelar y los siete clavos de olor. Al final debe quedar por lo menos un litro de agua, por lo que hay que ir añadiendo agua al recipiente, conforme vaya necesitando. Deja enfriar a temperatura ambiente y cuélalo, para que posteriormente lo añadas a la bañera que deberá estar llena de agua, con espuma de gel o sales. Introdúcete en la bañera durante un cuarto de hora, con muy poca luz de ambiente y reza pidiendo ayuda a los Seres Superiores. Al día siguiente, entierra en distintos sitios todas las nueces, almendras y clavos. Recuerda que es imprescindible evitar todo tipo de contacto con la otra persona, durante tres semanas.

Hechizo para curar
el dolor de cabeza

Como ya se dijo, el clavo tiene maravillosas cualidades medicinales, puede curar el dolor de cabeza, así como otros dolores y malestares corporales.

Ingredientes:

~ Clavo

Preparación:

Primero frota el clavo en la parte del cuerpo en la que está el dolor; también se puede colocar el clavo bajo la almohada del paciente durante una noche para que absorba el dolor mientras duerme, o bien, clávalo en el tronco de un árbol.

Coco

La palma de coco probablemente sea nativa de las islas del Pacífico, y hoy en día es cultivada en todos los trópicos.

Purificación, protección y castidad son algunas de las bondades esotéricas del coco. Esta fruta se ha venido usando durante mucho tiempo en los hechizos de castidad y en rituales protectores. A un coco se le puede partir por la mitad, llenarlo con hierbas protectoras adecuadas, cerrarlo herméticamente y luego enterrarlo para proteger el hogar o propiedad.

En el continente africano y por añadidura en las islas caribeñas, se considera que el coco guarda cierta similitud con la cabeza humana, y por lo tanto lo utilizan en trabajos con los que se busca influir en los pensamientos de otra persona.

En India, el coco o "fruta de Sri", es considerado un fruto sagrado y lo relacionan con la diosa de la prosperidad y la abundancia. Es, pues, un símbolo de fertilidad.

En otras culturas, el coco es utilizado para proteger al recién nacido, y en otros lugares, como en la isla de Danger, se tenía la creencia de que si se elaboraba una soga con fibra del cocotero podía servir para sujetar el alma.

Trabajos con coco

Conjuro para la limpieza del hogar

Esta limpia te servirá para cuando las cosas no van bien para nadie en la familia.

Ingredientes:

~ Un coco
~ Una vela blanca
~ Un incienso de cedro o coco
~ Unas tijeras

Preparación:

Rueda el coco por toda tu casa. Comienza por el piso de arriba y de adentro hacia fuera. Mientras lo pasas por todas partes, ve pidiendo con fe que se vaya todo lo malo. Cuando termines, prende el incienso y al comenzar a salir el humo, córtalo con las tijeras y di: "Estoy cortando (di todo con lo que quieras acabar). Con la voluntad de Dios". Realízalo en tu hogar cuantas veces sea necesario.

Ritual de bendición

Para este tipo de rituales es recomendable utilizar manteca de cacao en lugar de manteca animal.

Ingredientes:

- ~ Pulpa de coco molida
- ~ Manteca
- ~ Cáscara de huevo blanco pulverizado

Preparación:

Mezcla en un recipiente todos los ingredientes hasta que te quede una pasta homogenia. Unta esta mezcla en la cabeza de la persona que desee purificarse.

La persona deberá·permanecer con la mezcla en la cabeza toda la noche; al día siguiente deberá lavarla de la forma habitual.

Baño de limpieza espiritual

Ingredientes:

- ~ Un coco
- ~ Nueve huevos
- ~ Manteca
- ~ Agua de colonia con aroma frutal

~ Miel
~ Una pequeña olla
~ Una olla más pequeña que la primera
~ Agua
~ Nueve monedas

Preparación:

Derrite la manteca en baño María y ponla en una olla grande, agrega los nueve huevos y mezcla. Luego, echa las monedas. Con todo bien revuelto se crea una mezcla y se unta en todo el cuerpo.

Aparte, prepara un líquido que contenga el agua de un coco, el agua de colonia y la miel. Con esta mezcla se enjuaga el cuerpo. Por último, entierra las nueve monedas al pie de un árbol.

Hierbabuena

La hierbabuena procede de la hibridación de dos tipos de menta. Es la mezcla de la menta negra, que tiene un tono violáceo, y la menta blanca, de un color verde más uniforme. Este es el origen de la hierbabuena, la cual ofrece un fuerte aroma que la distingue de otro tipo de mentas. La planta no suele sobrepasar los 30 centímetros de altura, sus hojas tienen forma alargada y bordes aserrados, y las flores nacen de espigas en el extremo más alto y van del color blanco al púrpura. Su origen se sitúa en Europa, África y Asia, aunque hoy su cultivo se extiende por todo el mundo.

El uso de hierbabuena en pociones y mezclas curativas se remota a tiempos antiguos; se dice que frotar las hojas verdes por la cabeza quita los dolores de cabeza. Si se lleva hierbabuena en la muñeca de la mano, asegurará que su poseedor no caerá enfermo. Los problemas de estómago pueden aliviarse rellenando una muñeca de hierbabuena verde y ungiéndola con aceites curativos.

También se utiliza en hechizos de viajes y para provocar el deseo sexual. El aroma vigorizante de sus brillantes y verdes hojas lleva a utilizarlo en hechizos de dinero y de prosperidad: el más sencillo de ellos consiste en poner unas cuantas hojas en la cartera o billetera, o frotar donde se guarda el dinero.

Para limpiar un lugar de males, se esparce agua salada con un ramo hecho con tallos tiernos de hierbabuena, mejorana y romero.

La hierbabuena fresca colocada en el altar, invocará a los buenos espíritus a que se presenten y presten ayuda en la magia. También se tiene en casa como protección.

Trabajos con hierbabuena

Conjuro para el florecimiento del éxito

Se puede recurrir también a cualquier planta de cultivo; con esto lograrás prosperidad.

Ingredientes:

~ Semillas de hierbabuena o cualquier hierba aromática
~ Una maceta llena de tierra y abono vegetal
~ Lápiz y papel
~ Una vela rosa

Preparación:

Enciende la vela y escribe en el papel tu nombre y puesto o cargo en el empleo. Escribe debajo: "Así como estas semillas crecen y dan sus frutos, así lo hará mi éxito profesional". Entierra el papel en la tierra y siembra las semillas siguiendo las instrucciones del paquete. Pon la maceta en tu escritorio o en la ventana y cuida de estas plantas regándolas, abonándolas y comprobando su estado regularmente. A medida que florezcan, en esa medida estará floreciendo tu prosperidad. La vela se podrá ofrecer al espíritu de la Prosperidad.

Baño para la suerte

Ingredientes:

- ~ Hierbabuena
- ~ Jabón de tocador azul o de coco
- ~ Tres velas: amarilla, verde y blanca

Preparación:

Pon a hervir la hierbabuena en agua, cuando suelte el hervor retírala del fuego y dejala reposar. Después de un baño normal con el jabón azul o de coco, rocía tu cuerpo con la infusión. Después, con mucha fé, coloca las tres velas en forma de triángulo y enciéndelas ofreciéndoselas a la constelación espiritual.

Huevo

El huevo es uno de los "elementos" más utilizados por los brujos y curanderos de muchos pueblos indígenas. Se emplea para curar enfermedades sobrenaturales (causadas por uno mismo, por un desequilibrio espiritual). La forma más usual del tratamiento es intentar regresar el alma y sacar el mal pasando un huevo sobre el cuerpo del paciente. El huevo toma la mala energía, la cual es eliminada cuando el huevo se rompe.

Dentro de la santería cubana son muy temidos los hechizos que llevan huevo, llamado oyín. La forma más común de utilizarlo es en forma de cascarilla. Los huevos de paloma son especialmente incluidos en estos trabajos, sin embargo, los de gallina son los más comunes.

Trabajos con huevo

Ofrenda para quienes estén en prisión

Mediante esta ofrenda ayudarás a algún ser querido que esté en prisión, para que logre su libertad.

Ingredientes:

- ~ Siete huevos
- ~ Papel pergamino
- ~ Miel
- ~ Un plato blanco
- ~ Imagen de la divinidad preferida

Preparación:

En el papel pergamino escribe tu petición o el nombre de la persona a quien deseas ayudar; enrolla el papel y colócalo frente a la imagen. Después de hacer la petición, pon en el plato blanco los huevos y báñalos con miel. Esta ofrenda la puedes colocar entre plantas para dar gracias cuando se le haya dado la libertad al preso, o concedido el favor pedido.

Limpia para quitar
un embrujo

Se hace cuando sientes que el embrujamiento que te han hecho es muy fuerte y maligno. Necesitarás pedirle a una persona que te quiera mucho, que te ayude. Es muy posible que tanto tú como quien te esté haciendo la limpia, terminen bastante cansados, porque se gasta mucha energía en estas cosas.

Ingredientes:

- ~ Nueve huevos blancos
- ~ Nueve inciensos de sándalo
- ~ Tres velas color violeta

Preparación:

Durante nueve noches, siempre a la misma hora, coloca las velas formando una triángulo amplio. Enciende las velas y también prende la varita de incienso. Ahora, ponte en ropa interior desnudo(a), ubícate en medio del triángulo, extiende los brazos, abre las piernas, y pídele a quien te esté ayudando que pase un huevo por todo tu cuerpo, absolutamente por todas partes, mientras se imagina que está barriendo el mal. Tú estarás visualizando que toda la mala vibra se concentra en ese huevo que está siendo pasado por todo tu cuerpo. Después, apaguen las velas y dejen prendida la varita de incienso hasta que se consuma. Rompe el huevo en el fregadero o en el lavabo, y abre la llave para que el contenido se vaya por el desagüe.

Al día siguiente, usarán las mismas velas, otro huevo blanco y una varita de incienso de sándalo. Harán lo mismo un total de nueve días.

Incienso

El uso del incienso data de la época bíblica y su origen pudo haber estado en Egipto, donde las resinas de árboles aromáticos eran importadas de las costas de Arabia y de Somalia para su empleo en las ceremonias religiosas. Los faraones se servían de ellas para neutralizar olores desagradables, para ahuyentar a los demonios y para favorecer la presencia de los dioses.

Los babilonios empleaban el incienso durante sus oraciones y ofrecimientos, y durante la adivinación de oráculos. Israel lo importaba en el siglo V a. C. para emplearlo en sus ofrendas religiosas. De allí se expandió a Grecia, Roma y India, en donde, tanto los practicantes del hinduismo como del budismo, lo siguen utilizando en sus rituales y festivales. Fue uno de los regalos que los Reyes Magos trajeron de Oriente al Niño Jesús.

El incienso fue introducido en Japón en el siglo VI d. C. por monjes budistas, quienes usaban los aromas místicos en sus ritos de purificación; mas el delicado perfume del "Koh" (incienso japonés de alta calidad), se convirtió en una fuente de distracción y entretenimiento entre la nobleza de la corte imperial de la era "Heian", 200 años más tarde.

En la magia, el incienso tiene una gran cantidad de usos debido a que su acción de limpieza es extremadamente profunda. Libera de la represión, restricciones y sucesos o situaciones indeseables; es útil para eliminar el dolor, las dificultades, las preocupaciones y las aflicciones; también propicia el logro exitoso de objetivos liberando de relaciones indeseables.

El incienso también ayuda al rompimiento de hechizos. Elimina influencias negativas, malignas o indeseables. Limpia a las personas, los lugares o las cosas del mal y de la negatividad; rompe con maldiciones o hechizos, devuelve los hechizos al emisor. Se recomienda para utilizar en personas, lugares y objetos que puedan haber sido objeto de trabajos anteriores.

El incienso es un buen ayudante del amor, atrae a los de mentalidad similar, fortalece el amor y los sentimientos de atracción y enamoramiento; propicia la amistad y los lazos de amor; y fortalece el interior de la persona.

El incienso también favorece la buena suerte. Propicia el logro de metas, atrae la buena fortuna y la prosperidad, elimina la mala fe. Trae abundancia permitiendo que la prosperidad fluya hacia nosotros.

El incienso llama a la prosperidad y atrae hacia uno el dinero y la abundancia, protegiendo de las malas decisiones y de las pérdidas; aumenta los recursos, incrementando el bienestar económico si la persona actúa con confianza hacia sí misma; elimina las deudas y los malos augurios económicos.

De igual manera, el incienso atrae el éxito. Ayuda a llevar a buen término los proyectos, actos o situaciones; a consecución de objetivos. Propicia el logro, la abundancia, la victoria y la realización.

Al final de éste libro, encontrarás una guía completa de los diferentes aromas de incienso y su utilidad.

Trabajos con incienso

Ritual para una limpia

Haciendo este ritual quedarás verdaderamente limpio de cualquier negatividad.

Ingredientes:

- ~ Un incienso de sándalo
- ~ Una vela de color verde
- ~ Una hoja de papel blanca

Preparación:

En una noche de Luna llena enciende el incienso de sándalo, escribe sobre el papel todas las cosas negativas que te hayan sucedido y quémalo con la llama de la vela. Deja que se consuma todo el incienso.

Ritual para la salud

Este ritual lo debes hacer durante cinco días seguidos, empezando un lunes por la noche.

Ingredientes:

- ~ Varillas de inciensos en aromas de loto, mirra, jazmín, pino y geranio.
- ~ Aceites de mandrágora, ruda y muérdago
- ~ Un recipiente de barro cocido
- ~ Pequeña imagen de San Patricio

Preparación:

Con las diferentes varillas forma una estrella. Cada uno de los palitos debe quemarse independientemente. En medio de la estrella, coloca el recipiente de barro, en el que depositarás un chorrito del aceite de mandrágora, otro del aceite de ruda y otro del aceite de muérdago. Dentro de esta mezcla oleosa, coloca la imagen de San Pancracio. Con una cucharadita, recoge cuidadosamente las cenizas del incienso ya quemado y ponlas poco a poco sobre la mezcla, mientras dices tres veces: "Glorioso San Pancracio te pido humildemente, que intercedas por mi salud presente y futura, ante el buen Señor, que nos llena de ventura"

Ritual para curar

Con este incienso ayudas a acelerar el tiempo de curación.

Ingredientes:

- ~ Dos partes de mirra
- ~ Una parte de canela
- ~ Una pizca de azafrán

Preparación:

Quema dos partes de mirra, una parte de canela y una pizca de azafrán en donde se encuentra la persona enferma, para acelerar el tiempo de la curación.

Conjuro para encontrar marido

Este conjuro lo hará una noche de Luna llena, la mujer que quiera encontrar marido. Preferiblemente en lunes.

Ingredientes:

- ~ Incienso de lavanda
- ~ Incienso de rosas
- ~ Incienso de vainilla
- ~ Cinco velas blancas
- ~ Un espejo
- ~ Una estampa de Santa Brígida

Preparación:

Enciende las cinco velas blancas formando un pentagrama y pon en medio el espejo para que la Luna se refleje en él, y junto al espejo, la estampa de Santa Brígida. Posteriormente, di, estando de pie y mirando fijamente a la Luna llena:

"Santa Brígida no fue casada, ni viuda, ni religiosa, pero Cristo le dio una espina y la tomó por esposa".

Ritual para la protección de los niños

Procura tener limpia y en armonía la habitación de los niños. No debes dormir con ellos si tienes problemas o estás negativo porque les absorberías su energía rosada. Escucha sus pesadillas como algo normal y buscándoles una explicación.

Ingredientes:

- ~ Incienso de canela
- ~ Incienso de vainilla
- ~ Incienso de sándalo
- ~ Un recipiente de vidrio con agua
- ~ Cruz de madera
- ~ Lazo de color rojo

Preparación:

Prende los inciensos en su habitación. Ofréceles el agua a sus Ángeles guardianes y coloca en la habitación la cruz de madera con el lacito rojo. Pide que Dios y el Cosmos los cubran de bendiciones. La música suave y de meditación es buena para armonizarles y desarrollarles sus centros psíquicos.

Conjuro para tu protección e iluminación

Antes de entrar a este círculo de luz debes estar libre de malos pensamientos, de odios y rencores, con las manos limpias, recién lavadas.

Ingredientes:

- ~ Incienso de canela, jazmín o rosa
- ~ Un vaso con agua
- ~ Talco
- ~ Cuatro velas de color blanco

Preparación:

Haz un círculo con talco en el piso o sobre la alfombra, y ubica las cuatro velas blancas fuera del círculo señalando los puntos cardinales. Coloca el vaso con agua dedicado a los Guías de la Corte Blanca. Prende el incienso. Siéntate dentro del círculo en posición de loto con el Norte frente a ti. Luego, en estado de meditación, siéntete protegido y visualiza tu cuerpo cubierto con la luz blanca, y di:

"El bien sólo es bien y estoy protegido. Amén".

Tómate tu tiempo y sal del círculo listo a desarrollar tu potencial.

Hechizo para potenciar la comunicación

El siguiente hechizo te ayudará a expresar tus ideas claramente y con tanto éxito como sea posible. Hazlo si estás escribiendo una carta importante o un examen, si vas a tener una plática, o te preparas para dar tu opinión a alguien.

Ingredientes:

~ Un incienso de vainilla
~ Una taza de té negro con miel

Preparación:

Quema el incienso de vainilla mientras bebes la taza de té negro con miel. Pídele a la diosa Atenea que te ayude a hablar con el corazón y a ver claramente lo que necesitas decir para bien del grupo.

Ritual para abrirte al amor

Este ritual te ayudará para abrir tu corazón a sentir amor y a tener más receptividad. Si tienes timidez, lleva además un trozo de cuarzo turquesa, te ayudará a tener más iniciativa.

Ingredientes:

~ Incienso de lavanda
~ Un trozo de cuarzo rosa

Preparación:

Quema el incienso de lavanda. Deja que el humo pase por el cuarzo rosa (y el cuarzo turquesa, si es el caso). Mientras tanto, desea con todas tus fuerzas abrirte al amor. Deja que el incienso se consuma. Lleva el trozo de cuarzo rosa (y el turquesa) en tu bolsillo.

Ritual para atraer la buena suerte:

Realiza este ritual un martes al mediodía o a las siete de la tarde.

Ingredientes:

~ Un incienso de canela
~ Una vela de color blanco
~ Una vela de color amarillo
~ Una vela de color rosa claro
~ Una foto tuya
~ Un papel que tenga escrito tu deseo

Preparación:

Enciende el incienso. Haz un triángulo con las velas, de la siguiente manera: enciende primero la vela amarilla y colócala a tu derecha, luego enciende la vela rosa y colócala a la izquierda, y por último, enciende la vela blanca y ponla arriba, en el vértice del triángulo. Dentro del triángulo pon tu foto y debajo el papel con el deseo. A continuación di: "Oh, misterioso espíritu, que diriges todos los cielos de nuestra vida, desciende hasta mi humilde morada e ilumíname para conseguir por medio de los secretos azares (di tu deseo). Oh, soberano espíritu, clave de la infinita sabiduría, haz que desciendas y veas que mi petición es de buena voluntad. Te doy las gracias de antemano por ello. Con sinceridad y de corazón. Amén".

Conjuro contra hechizos

Para que este hechizo sea efectivo debes hacerlo en jueves a las seis en punto de la tarde, que es cuando el día muere y comienza la noche. Tienes que hacerlo durante nueve jueves consecutivos, usando siempre las mismas velas y el mismo incienso. Si se te acaban antes de los nueve días, compra unos nuevos.

Ingredientes:
- ~ Incienso de rosas
- ~ Incienso de sándalo
- ~ Incienso de copal
- ~ Una vela blanca gruesa
- ~ Una vela blanca mediana
- ~ Una vela blanca delgada

Preparación:

Vístete de blanco. Enciende los tres inciensos, prende las tres velas blancas y deja todo prendido durante media hora. En ese tiempo, concéntrate en la llama de las velas, relájate y siente como la paz va llenando tu cuerpo, al tiempo que toda mala vibra sale por tus poros y se disuelve en el aire. Di: "Estoy protegido(a) bajo una pirámide de luz divina. Soy invisible al mal". Visualiza que realmente estás bajo esa pirámide de luz y toda mala vibra sale de ti. La pirámide también evita que entren los malos hechizos. Cuando termines, apaga las velas y el incienso y guárdalos. Una vez que hayas completado los nueve jueves, deséchalos, ya que no podrás volver a usarlos.

Lavanda

La lavanda es originaria de Francia, Persia y otras naciones del Mediterráneo. Despide un olor fresco y limpio, y produce un aceite incoloro, amarillo pálido o verde amarillento.

Los antiguos griegos y romanos valoraban la lavanda como loción debido a sus propiedades limpiadoras. La lavanda era cultivada en los jardines de plantas aromáticas de los monasterios europeos. Antiguamente era considerada estimulante, tónica, estomáquica y carminativa.

El botánico Mathiole, en el siglo XVI, consideraba sus flores como la más eficaz de todas las panaceas. No obstante, el renacimiento de los aceites esenciales se inició durante la segunda década del siglo XX, con base en el trabajo de René-Maurice Gattefossé, químico y perfumista francés que acuñó el término "aromaterapia". Cierto día en que Gattefossé experimentaba en su laboratorio, se quemó gravemente la mano, sumergiéndola de inmediato en un recipiente que contenía aceite de lavanda. Poco después notó que su mano sanaba con asombrosa rapidez y sin que quedaran cicatrices. Gattefossé dedicó el resto de su vida a investigar los aspectos terapéuticos de los aceites esenciales, y sus estudios contribuyeron a revivir un arte antiguo casi olvidado.

La lavanda es excelente para traer la claridad y coherencia en asuntos mágicos, en especial para las visualizaciones.

Ayuda a los procesos de limpieza interior, ya que sirve para descargar energías negativas. Además trae paz y calma. Armoniza y equilibra, combate el mal humor y limpia los ambientes.

Trabajos con lavanda

Ritual contra el insomnio

Con este ritual te liberarás del insomnio, lograrás tener un descanso placentero y dulces sueños.

Ingredientes:

~ Loción de lavanda
~ Una vela color azul claro
~ Infusión de valeriana

Preparación:

Humedece ligeramente tu almohada con aroma de lavanda. Escribe tu nombre en la vela rodeado de una nube y enciéndela. Bebe la infusión de valeriana y disponte a dormir.

Hechizo para pensar claramente

Puedes hacer este hechizo cuando se acerque un examen importante, o algún trabajo intelectual que debes de realizar; te ayudará a estudiar, memorizar y analizar. También puedes realizarlo cuando necesites tener la mente especialmente clara.

Ingredientes:

- ~ Aceite de lavanda
- ~ Aceite de oliva
- ~ Una vela amarilla
- ~ Pluma blanca, amarilla o azul
- ~ Incienso de salvia

Preparación:

Unta la vela amarilla con un poco de aceite de lavanda y de oliva, luego perfúmate con una gota de cada aceite en las sienes. Ponte la pluma blanca, amarilla o azul en el pelo. Enciende el incienso de salvia y pasa tu lápiz o bolígrafo por el humo. Luego, cierra los ojos por un instante e invoca a la diosa Aradia para que te ayude en la tarea. Abre los ojos y trabaja.

Hechizo para atraer el amor

La energía de estas hierbas atraerá amor a tu vida.

Ingredientes:

- ~ Tres partes de hojas de lavanda
- ~ Dos partes de pétalos secos de rosa
- ~ Una parte de jengibre
- ~ Una vela rosa

Preparación:

Machaca en un mortero tres partes de hojas de lavanda, dos partes de pétalos secos de rosa y una parte de jengibre. Mientras lo haces, visualiza tu vida llena de amor y desea encontrar a la persona amada. Una vez que estén las hierbas pulverizadas, haz un círculo con éstas alrededor de la vela rosa antes de encenderla.

Laurel

Es un árbol siempre verde de la región mediterránea, donde crece silvestre y llega a alcanzar hasta 10 metros. En la antigüedad clásica (Grecia y Roma), las coronas de laurel trenzado eran símbolo de victoria y gloria.

El laurel se utilizaba en otros tiempos como amuleto en contra de los malos espíritus. Activa el chakra de la garganta, fomenta la conciencia psíquica en general y también se utiliza para atraer fama y ganancias.

Trabajos con laurel

Hechizo para la suerte en los juegos de azar

Sirve para estimular y acrecentar tus vibraciones, entonándolas para tus objetivos de azar.

Ingredientes:

- ~ Hojas de laurel
- ~ Geranio
- ~ Lavanda
- ~ Una almohada usada

Preparación:

Abre la almohada y mezcla los ingredientes con el relleno de ésta. Ciérrala y duerme sobre la almohada pensando que las emisiones de estas poderosas plantas incentivarán tus vibraciones personales e incrementarán tus posibilidades en los juegos de azar.

Hechizo para que no falte alimento en la casa

Para evitar absorber energías negativas en tu casa, se colocará en una ventana.

Ingredientes:

- ~ Hojas de laurel
- ~ Ramo de perejil
- ~ Ramo de hierbabuena

~ Rama de un Pino
~ Cinta blanca

Preparación:

Con el ramo de perejil, hierbabuena, las hojas de laurel y la rama de un pino, forma un círculo y átalo todo con la cinta blanca en la que escribirás el apellido, de cabeza, de la familia de la casa o el tuyo si es que vives solo. Este ramo se pone en una ventana colgado por fuera y se puede cambiar los días primero de mes. El ramo que quites lo deberás quemar y las cenizas tirarlas al agua.

Conjuro para sanar enfermedades ajenas

Con este conjuro ayudarás a sanar a otras personas. Es mejor si lo realizas en martes.

Ingredientes:

~ Hojas de laurel
~ Seis velas blancas
~ Un conito de incienso de sándalo

Preparación:

Forma un círculo con las velas. En el centro pon las hojas de laurel y el conito de incienso. A un lado deberás tener preparado el quemador. A la luz de las velas repite: "Que la salud de (di el nombre de la persona enferma) mejore y si no, que no empeore. Escucha mis palabras y escucha mi ruego, libéralo(a) de su enfermedad. Que así sea". La efectividad del hechizo dependerá de la enfermedad y del progreso de la misma.

Conjuro para avivar el erotismo en la pareja

Este rito mágico te ayudará a tener una relación erótica cada vez más satisfactoria. El mejor día para hacer el conjuro es el viernes.

Ingredientes:

- ~ Quince hojas de laurel secas
- ~ Ocho piedras de carbón
- ~ Una vasija de barro

Preparación:

En la vasija de barro coloca las piedras de carbón y las hojas de laurel secas. A las doce de la noche en punto, enciende los carbones y repite: "Que el deseo y el placer no abandonen esta unión y que cada vez sea mayor la atracción que nos inunda". Observa el recipiente, si hay más humo que fuego, deberás repetir el ritual dos o tres veces por mes. En cambio, si el fuego es más intenso que el humo, la compatibilidad erótica con el ser querido será inmejorable.

Ritual para la protección

Este ritual te ayudará a disipar el miedo y la ansiedad y te harán tener más seguridad.

Ingredientes:

- ~ Hojas secas de laurel
- ~ Sal
- ~ Infusión de verbena seca

~   Una rama de romero fresco
~   Incienso de sándalo

Preparación:

Pon una hoja seca de laurel en cada ventana y en cada puerta de tu casa, junto a una pizca de sal. Haz una infusión fuerte de verbena seca y utilízala para limpiar las puertas, por fuera y por dentro. Cuelga la rama de romero en tu habitación y pasea por tu casa con una varilla ardiendo de incienso de sándalo. Mientras vas haciendo el ritual, ve rezando tres Padre Nuestro.

Limón

El nombre común del pequeño árbol espinoso que produce el fruto llamado limón es el limonero. Se cultiva en todas las regiones tropicales y subtropicales del mundo. Esta planta fue llevada desde el Oriente hasta España y el norte de África durante la Edad Media.

El jugo de limón mezclado con agua sirve para limpiar amuletos, joyas y otros objetos mágicos obtenidos de segunda mano. Lavarlos asegura que todas las vibraciones negativas del objeto en cuestión sean eliminadas.

Las flores secas y la piel del limón se añaden a los saquitos y mezclas de amor, y las hojas se emplean en los tés de deseo sexual.

Servir pastel de limón a la pareja ayudará a fortalecer su fidelidad, y colocar una rodaja de limón bajo la silla del visitante asegura que su amistad sea duradera.

Trabajos con limón

Hechizo para protección del coche

Es indispensable protegernos y proteger nuestros bienes contra posibles ataques o envidias. Muchas veces nuestras pertenencias captan las malas vibras que nos envían

Ingredientes:

- ~ Cinco limones
- ~ Un envase
- ~ Esencia de romero
- ~ Esencia de pino
- ~ Esencia de verbena
- ~ Dientes de ajo
- ~ Bolsita de tela color verde
- ~ Cinco hojas de laurel
- ~ Tres rajitas de canela
- ~ Una ramita pequeña de albahaca o pino
- ~ Un crucifijo pequeño

Preparación:

Pon los dientes de ajo debajo de los asientos del coche por una noche para que al ajo recoja las malas vibraciones. Al día siguiente recógelos con un papel y tíralos. En el envase, coloca los cinco limones cortados en cruz y las esencias de romero pino y verbena. Deja el envase abierto por una noche dentro del carro. Luego, en la bolsita de color verde, pon el laurel, las rajitas de canela, el crucifijo y la ramita de albahaca o pino. Ciérrala y ponla en la guantera mientras dices en armonía con la naturaleza: "Este carro va siendo dirigido y protegido en armonía y amor". Reza un Padre Nuestro.

Baño contra la negatividad

Cuando tu cuerpo reciba este baño te ayudará a liberarte de las energías negativas.

Ingredientes:

- ~ Una gota de limón
- ~ Dos gotas de alcanfor
- ~ Cuatro gotas de eucalipto
- ~ Incienso de canela

Preparación:

Disuelve todos los ingredientes en agua, ya sea en la bañera o en un recipiente. Prende el incienso para armonizar.

Hechizo para curar todo tipo de dolencias

El 24 de junio es la noche de San Juan, ésa es la fecha indicada para curar todo tipo de dolencias, especialmente las del aparato respiratorio.

Ingredientes:

- ~ Jugo de limón
- ~ Un plato hondo
- ~ Siete cucharadas de aceite de oliva
- ~ Media cucharada de mirra
- ~ Vela azul

Preparación:

Antes de irte a dormir, coloca en un plato hondo siete gotas de jugo de limón, el aceite de oliva y la mirra. Mezcla con el dedo índice de tu mano derecha en sentido contrario a las manecillas del reloj, dando siete giros. Pon el plato debajo de tu buró, coloca la vela a los pies de tu cama y enciéndela. Al despertar tira los restos de la vela junto a la mezcla del plato, todo envuelto en papel del color que desees, alejando así los males y dolencias de tu cuerpo.

Baño para la purificación

Este baño se llevará toda la energía negativa acumulada en tu cuerpo y te ayudará a recuperar el equilibrio.

Ingredientes:

- ~ Un limón
- ~ Un puñado de sal marina
- ~ Aceite esencial de vainilla
- ~ Aceite esencial de sándalo
- ~ Aceite esencial de lavanda
- ~ Una vela de color blanco

Preparación:

Toma un baño con el jugo del limón entero (echa la piel y la pulpa dentro del agua tras exprimirlo) y agrégale un puñado de sal marina y unas gotas de los aceites de sándalo, de lavanda y de vainilla. Enciende la vela blanca. Relájate, pon música relajante apropiada, y disfruta del agua.

Hechizo para librar a los niños de las malas energías

Las energías negativas del hogar no deben afectar a los niños. Puedes realizar el hechizo en cualquier lunación. No obstante, debes de empezarlo en un viernes. Es muy importante que extremes los cuidados de higiene en la habitación del niño y en las zonas comunes, ventilando y limpiando de forma exhaustiva.

Ingredientes:

~ El zumo de medio limón
~ Un puñado de sal fina
~ Pimienta blanca
~ Un recipiente de cristal transparente
~ Agua destilada
~ Un cuarzo puro y transparente
~ Una cucharada de sal de grano
~ Cuatro gotas de aceite de oliva virgen
~ Cuatro gotas de vinagre de vino de buena calidad

Preparación:

Llena el recipiente con el agua y déjalo toda una mañana al sol. Por la tarde, pon en el interior del recipiente con el agua, el cuarzo, el zumo del limón, la sal de grano y las gotas de vinagre. Mezcla bien con el dedo índice de la mano derecha y luego le agregas las cuatro gotas del aceite de oliva, dibujando el signo de la cruz.

Aparte mezcla la sal fina con la pimienta y con esto dibuja un círculo debajo de la cama del niño. Coloca el recipiente mágicamente preparado dentro del círculo.

Deberás mantener tanto el círculo como el recipiente durante cuatro días sin tocarlo y debajo de la cama.

Pasados estos cuatro días renovarás la mezcla del recipiente diariamente y sólo pondrás el círculo de sal y pimienta en aquellos momentos en que los síntomas ambientales de la casa o el comportamiento del niño lo requieran.

Cada vez que renueves el agua del recipiente, cargada con la energía negativa ambiental, la deberás tirar al inodoro sin derramar ni una sola gota.

El cuarzo deberá ser siempre el mismo y tendrás que limpiarlo junto con el recipiente con vinagre y un puñadito de sal a diario. Luego los pasarás a aclarar con agua corriente, dejándolos secar preferiblemente al aire libre.

Maíz

El maíz es la planta más domesticada y evolucionada del reino vegetal. El origen y la evolución del maíz han sido un misterio porque éste ha llegado a nosotros altamente evolucionado, sin conocerse formas intermedias. A pesar de extensivas búsquedas de las formas silvestres de esta planta, no ha sido encontrada alguna.

Mientras que los cereales del Viejo Mundo tienen variedades silvestres que se preservan en la naturaleza, el maíz es conocido solamente por la especie cultivada (*Zea mays*). Desde el siglo pasado, diversas teorías han sido expuestas para explicar el origen y la evolución del maíz, la más popular de ellas acepta al teocintle de

Chalco (*Zea mays ssp mexicana*) como el antecesor directo del maíz.

Los usos mágicos que se atribuyen al maíz son: protección, suerte, adivinación. Durante mucho tiempo se ha venerado a la Diosa del Maíz, que representa la abundancia y la fertilidad. Se coloca una espiga de maíz dentro de la cuna para proteger al bebé de las fuerzas negativas. Un racimo de mazorcas colgadas de un espejo traen buena suerte al hogar, y un collar hecho con granos secos de maíz rojo previene las hemorragias nasales.

Trabajo con maíz

Para abrir caminos

Ingredientes:

~ Siete granos de maíz colorado
~ Siete palomitas de maíz
~ Siete velas blancas
~ Siete monedas
~ Siete dulces de miel
~ Siete pedazos de cinta de bebé color rojo, de medio metro cada uno
~ Siete pedacitos de dulce de calabaza
~ Siete pedacitos de incienso de sándalo
~ Siete granos de arroz
~ Siete papelitos de papel lustre color rojo

Preparación:

Toma los siete papeles de lustre y arma paquetes de la siguiente forma, dejando a la vista el color.

> Paquete uno: Siete granos de maíz colorado.
> Paquete dos: Siete palomitas de maíz.
> Papelito tres: Siete monedas.
> Papelito cuatro: Siete caramelos de miel, pequeños.
> Papelito quinto: Siete pedazos de dulce de calabaza.
> Papelito sexto: Siete pedazos de incienso de sándalo.
> Papelito séptimo: Siete granos de arroz.

Sujeta cada paquete con la cinta de bebé de medio metro. Coloca todos los paquetes juntos y rodéalos con las siete velas blancas. Enciende las velas y pide con mucha fe que se te abran los caminos para todo lo que deseas emprender.

Al día siguiente, camina siete cuadras en línea recta y deposita en cada esquina un paquetito. Regresa a tu casa por el mismo camino mientras que agradeces mentalmente los favoress que te serán concedidos.

Manzana

Se desconoce el origen exacto del manzano. Unos autores señalan que procede de las montañas del Cáucaso, mientras que otros indican que el *Malus sieversii (Ledeb) Roem,* es una especie silvestre que crece en las regiones montañosas de Asia media y podría ser el manzano del que se habrían originado hace 15,000 ó 20,000 años las primeras especies cultivadas de este árbol. La manzana fue introducida en la península Ibérica por los romanos y los árabes, y hoy en día, España es uno de los principales países productores.

La manzana ha sido un fruto simbólico a lo largo de la historia, se cita en la Biblia como el fruto prohibido que provocó la expulsión del ser humano del paraíso. Hace miles de años que se recolectan estas frutas. Se cree que ya existían en la prehistoria tal y como lo demuestran restos arqueológicos que se han encontrado en excavaciones neolíticas. En el siglo XII a. C. el manzano era cultivado en los fértiles valles del Nilo en tiempos del faraón Ramsés III. En la mitología griega, la manzana de oro que Paris entrega a la diosa Venus y que provoca la enemistad entre Atenea y Hera, pasó a la historia como la conocida "manzana de la discordia". En el siglo XVI, los conquistadores españoles extendieron el cultivo de la manzana al nuevo mundo y, 100 años después, desde Iberoamérica, el manzano emigró a América del Norte y posteriormente a África septentrional y Australia.

Las manzanas son frutas sagradas para la hechicería. Por su forma y color constituyen un símbolo mágico de amor y protección. De la madera del manzano se hacen excelentes varitas mágicas utilizadas en ritos de amor.

Una antigua receta indica que todos los viernes, al atardecer, hay que beber jugo de manzanas rojas para atraer el amor y aumentar el atractivo sexual.

En algunos lugares se cree que quien pueda quitar la cáscara de la manzana de una sola vez, cuando la espiral que queda formada cae al suelo o a la mesa, conocerá el nombre de la persona amada, porque la cáscara revelará las iniciales de su alma gemela.

Las flores del manzano se añaden a los saquitos de amor, a las pociones y a los inciensos. Un hechizo de amor consiste en partir una manzana a la mitad y compartirla con la persona amada. Este acto asegura que serán felices juntos.

La tradición de "atrapar manzanas" tiene su antecedente en una costumbre pagana de los celtas. Muchas predicciones sobre el futuro de los matrimonios de las parejas se asociaban con el uso de una manzana. En la tradición céltica, el mencionado fruto estaba conectado con la deidad femenina del amor en todas sus manifestaciones. Un rito adivinatorio común consistía en que las jóvenes solteras trataran de morder una manzana sostenida por una cuerda o a veces flotando sobre el agua. La primera doncella que lograra atrapar la manzana con sus dientes sería la próxima en casarse.

Los altares de la Wicca se llenan de manzanas en el Samhain, ya que ésta era considerada como alimento de los muertos. Por la misma razón, el Samhain se conoce a veces como "Fiesta de las Manzanas". También en algunas tradiciones Wicca, las manzanas son un símbolo del alma, y por eso se entierran en el Samhain, para que quienes renazcan en la primavera tengan alimento en los fríos meses de invierno.

Para curación se puede cortar la manzana en tres trozos y frotar cada uno contra la parte afectada del cuerpo, y después enterrarlos. Hacer esto en Luna menguante da mejores resultados.

Se puede utilizar sidra de manzana en lugar de sangre, cuando se requiera en viejas recetas. Las manzanas pueden convertirse en muñecas o figuras mágicas para su uso en hechizos.

Trabajos con manzana

Baño para la suerte

Al tomar este baño, es recomendable que trates de estar lo más sereno posible, deja las tensiones fuera del agua y recibe las energías positivas de este hechizo.

Ingredientes:

~ Una manzana roja
~ Una flor de color blanco
~ Una flor de color rojo
~ Tres flores de color amarillo
~ Hojas de lechuga, tres, cinco o siete, siempre impar
~ Medio litro de leche
~ Miel

~ Canela en polvo
~ Una vela de color rojo

Procedimiento:

Licúa la manzana, los pétalos de las flores, las hojas de la lechuga y la miel en la leche. Una vez que esté licuado agrega la canela. Para que esto sea un éxito, debes darte de 5 a 7 baños y encender la vela roja.

Ofrenda para la prosperidad

Con esta ofrenda atraerás la prosperidad y tendrás mucha suerte.

Ingredientes:

~ Una manzana roja
~ Arroz crudo
~ Seis hojas de laurel
~ Seis monedas doradas
~ Un plato blanco o frasco de vidrio

Preparación:

Coloca el arroz extendido sobre el plato o dentro del frasco de vidrio, después las monedas y por último la manzana con las hojas de laurel. Di alguna oración de tu preferencia. Manten la ofrenda dentro de tu casa o negocio. Cambia la manzana cuando sea necesario.

Hechizo para descongelar el corazón

Con este hechizo lograrás descongelar el corazón de la persona querida, atrayendo su amor hacia ti. Preferentemente realiza este hechizo un viernes de Luna nueva.

Ingredientes:

- ~ Una manzana roja y madura
- ~ Un papel rojo o verde
- ~ Miel
- ~ Canela en polvo
- ~ Un trozo de imán
- ~ Cinta, cordón o hilo rojo o verde

Preparación:

Corta la manzana por la mitad y hazle un agujero en el centro, sacando el corazón primero. En un papel escribe el nombre de la persona amada e introdúcelo en el agujero de la manzana. Cúbrela con miel y canela. Pon encima de todo esto el imán. Debes terminar tapando todo con la otra mitad de la manzana; átalo con la cinta y mete la manzana en el congelador. Conforme se vaya congelando la fruta, se irá descongelando el corazón de la otra persona y arderá en deseos por ti.

Amuleto para proteger
tu equipaje

Con este amuleto podrás estar tranquilo y no preocuparte por perder o que te roben tu equipaje. Haz tantos como maletas lleves contigo.

Ingredientes:

- ~ Una manzana
- ~ Un limón
- ~ Cinco alfileres blancos
- ~ Cinco alfileres negros

Preparación:

Clava los cinco alfileres blancos en la manzana y los cinco alfileres negros en el limón. Mete en cada maleta una manzana y un limón juntos. Cuando llegues al término del viaje, tirarás los frutos antes de entrar en tu casa.

Hechizo para el amor
a primera vista

Con este hechizo podrás tener a la persona que quieras, ya que se enamorará de ti en cuanto te vea. Realízalo un viernes por la mañana.

Ingredientes:

- ~ Una manzana fresca y verde
- ~ Un papel con el nombre de la persona querida y otra con el tuyo
- ~ Tres cabellos de esa persona y tres tuyos
- ~ Una cinta roja
- ~ Papel aluminio

Preparación:

Parte la manzana por la mitad y sácale el centro; pon sobre una mitad, los papeles con los nombres de las dos personas atados con los cabellos. (Ata el papel con tu nombre con el cabello de él [ella] y el papel con su nombre con tus cabellos). Cierra la manzana, envuélvela con el papel aluminio y hornéala por quince minutos. Después átalos con la cinta roja. Por último, ponla debajo de la almohada de la persona a la que quieres, pero sin que se dé cuenta para que duerma con la manzana debajo de su almohada por una noche. Si no te es posible ponérsela, entonces ponla debajo de tu almohada y duerme con ella por una noche.

Hechizo contra la infidelidad

Para que tu pareja no caiga en la tentación de la infidelidad, los días 10 y 20 de cada mes haz este pequeño ritual.

Ingredientes:

- ~ Una manzana roja
- ~ Cinta blanca
- ~ Foto de la persona amada
- ~ Papel blanco

Procedimiento:

Elije la mejor manzana roja que puedas, lústrala perfectamente. La manzana no debe tener machucaduras ni defectos. Dale una mordida y trágate el trozo entero, sin masticar. Con una cinta blanca ata la foto de la persona amada a la manzana, envuelve todo con el papel blanco y déjalo al pie de un árbol frondoso.

Manzanilla

Es una especie importada de Europa y Asia, adaptada a climas cálidos, semicálidos, semisecos y templados. Es cultivada en huertos; crece en todos los campos.

Es uno de esos tesoros que han pervivido a través de los siglos, no sólo para embellecer el paisaje sino también para servir de eficaz medicina natural. Hace 4 000 años los egipcios la dedicaban al Dios Sol, Ra, debido a su inmensa cantidad de propiedades curativas y medicinales.

Los griegos la denominaban khamaimelon, manzana de la tierra, por el aroma similar de la manzanilla romana con las manzanas maduras. Y si el nombre de chamomila se lo debemos a los helenos, los romanos acuñaron el nombre de *Matricaria Chamamilla* (la matriz-útero, la madre), en honor a su capacidad para calmar los espasmos durante la menstruación.

Los sajones, que la utilizaban como sedante y calmante estomacal, la consideraban una de sus nueve hierbas sagradas otorgadas a la humanidad por el Dios Woden, mientras que en la Edad Media era esparcida en las insalubres entradas de los castillos y mansiones para paliar malos olores y evitar infecciones.

Los antiguos empleaban esta hierba para tratar trastornos digestivos como vómito, gastritis, disentería, indigestión, cólicos, bilis e infección del estómago.

Trabajo con manzanilla

Infusión para purificarte mientras duermes

Si sientes que has recibido energías negativas o sientes que las cosas no te salen bien, haz este tratamiento y verás muy pronto resultados.

Ingredientes:

~ Manzanilla
~ Canela

Preparación:

Llena un vaso con agua fría y exponlo al Sol durante quince minutos. Déjalo reposar en un lugar oscuro y fresco. Coloca el vaso debajo de tu cama, a la altura de la cabecera, durante toda la noche. Al levantarte, observa atentamente el agua, si notas que se ha llenado de burbujas, significa que durante el día has estado rodeado por vibraciones negativas.

Si esto sucede, es conveniente que tomes una infusión de manzanilla con canela antes de conciliar el sueño, para revitalizarte y cargarte positivamente.

Menta

La menta es el nombre común que se le da a un grupo de diversas especies de plantas herbáceas de la familia *labiadas*, género *Mentha*. La gran variedad de mentas se debe a la facilidad y tendencia de la especie para combinarse con otras y a su fácil adaptación a los climas alrededor del mundo.

En rituales de magia, la menta se ha utilizado para limpiar las malas vibraciones.

Trabajos con menta

Hechizo para levantar el ánimo

Con este hechizo te podrás ayudar o ayudar a personas decaídas a que su ánimo se recupere.

Ingredientes:

~ Una cucharada de menta fresca
~ Un plato blanco
~ Una cucharada de hojas de romero
~ Tres granos de pimienta
~ Objeto o joya de la persona decaída
~ Agua de rosas
~ Una vela verde

Preparación:

Pon en el plato blanco la cucharada de menta fresca, la de hojas de romero, los tres granos de pimienta y el objeto o joya pequeña que lleve la persona en cuestión tocando la piel. Rocía todo con un poquito de agua de rosas. Pon el plato en el buró de la persona decaída, o en su defecto, delante de una foto de la afectada. Haz esto durante nueve días, a las doce de la noche, y prende la vela verde todos los días por espacio de diez minutos, mientras pides mentalmente que se recupere la vitalidad perdida.

Amuleto para los exámenes

Lleva contigo este amuleto siempre que vayas a presentar algún examen.

Ingredientes:

- ~ Menta
- ~ Flor de manzanilla
- ~ Verbena
- ~ Un trozo de hierro (clavo, no de acero)
- ~ Un trozo de cobre
- ~ Tela de algodón de color púrpura

Preparación:

Confecciona tú mismo una pequeña bolsa con la tela púrpura, en ella meterás la menta, la manzanilla, la verbena, el imán, el trozo de hierro y el de cobre.

Hechizo para la potencia sexual

Con esto la persona que desees sexualmente no podrá resistirse a tus pasiones.

Ingredientes:

- ~ Un puñado de hojas de menta
- ~ Tres pétalos de rosa seca
- ~ Un poco de pimienta negra

Preparación:

Si quieres potenciarte sexualmente antes del encuentro, mientras te vistes para la cita debes quemar y aspirar un incienso preparado con las hojas de menta, los pétalos de rosa y la pimienta negra.

Miel

El néctar es la fuente principal de la que se origina la miel. Es segregado por órganos especializados de la planta llamados nectarios, situados generalmente en la base de la corola (nectarios florales) pero en algunos casos colocados en diversas partes (nectarios extraflorales).

Desde la antigüedad, el hombre ha recolectado la miel de las abejas, como atestiguan las pinturas rupestres de la cueva de la araña en Bicorp, Valencia. De la Edad de Bronce hay evidencia de que el hombre producía colmenas de forma artificial, utilizando troncos huecos de árboles o arcilla y paja. Este insecto es el único insecto domesticado.

Hay constancia en jeroglíficos de que los egipcios tenían técnicas muy avanzadas, e incluso hacían transhumacia para aprovechar las floraciones a lo largo del río Nilo. Utilizaban la miel y la cera de las abejas en la medicina, y para elaborar conservantes, cosméticos, edulcorantes y ofrendas religiosas.

La miel ha estado ligada a la religión. Zeus, el dios supremo del Olimpo, fue alimentado en su juventud con miel. Uno de los libros del Corán está dedicado a la abeja, y Mahoma la consideraba como un remedio para todas las enfermedades.

Trabajos con miel

Riego para los negocios

Ingredientes:

- ~ Miel
- ~ Cerveza
- ~ Agua de coco
- ~ Flor amarilla
- ~ Cuatro velas de color verde

Preparación:

Con este riego tu negocio se favorecerá. Al agua de coco agrégale la miel y la cerveza. Luego, riega con ayuda de la flor amarilla desde la puerta del negocio hacia adentro. Ofrece las cuatro velas de color verde juntas formando los puntos cardinales.

Ritual para una limpieza personal

Con este ritual producirás Luz propia y recibirás mayor Luz del amor universal.

Ingredientes:

- ~ Miel
- ~ Leche
- ~ Perfume de tu preferencia
- ~ Agua, si es bendita mejor
- ~ Vinagre

Preparación:

Agrega al agua un poco de vinagre y date tú mismo un despojo con tus manos. Pídele a tus guías y protectores que te liberen de la negatividad y de todas aquellas malas vibraciones que te perturben. Después, mezcla la leche, la miel y un poquito de tu perfume preferido, úntalo en tu cuerpo y piensa que vibras al unísono de lo que anhelas. Pide alegría y fortaleza

Hechizo para enamorar a la persona deseada

Con este hechizo lograrás que la persona que deseas se enamore profundamente de ti. Realízalo en viernes, para lograr mejores resultados.

Ingredientes:

- ~ Un recipiente con miel
- ~ Una manzana
- ~ 21 alfileres de cabeza blanca
- ~ Hojas de romero
- ~ Hojas de laurel
- ~ Azúcar
- ~ Cinta o listón rojo
- ~ Bolígrafo

Preparación:

Parte la manzana por la mitad. Escribe en una mitad de ésta, con la punta de un alfiler, tu nombre, y en la otra mitad escribe el nombre de la persona que quieres enamorar. Pon sobre una mitad las hojas de laurel, de romero, el azúcar y miel. Junta de nuevo las dos mitades y envuélvelas con la cinta roja, en la que con anterioridad hayas escrito 21 veces la palabra "amor". Clava los alfileres en la manzana y colócala en el interior del recipiente con miel durante cuarenta días.

Transcurrido ese tiempo, entiérrala cuando se oculte el Sol. Es mejor que sea con Luna llena.

Hechizo para unir a dos personas

Con este hechizo lograrás unir a dos personas, ya sea por amor, cariño o amistad.

Ingredientes:

- ~ Miel
- ~ Un frasco con tapa
- ~ Agua

~ Papel blanco fino
~ Lápiz o bolígrafo

Preparación:

Vierte la miel en el frasco y colócale dentro un poquito de agua. Escribe en el papel el nombre de las dos personas que quieres unir y mételo dentro del frasco, junto con la miel y el agua. Tápalo y guárdalo en un lugar seguro.

Hechizo para generar más ingresos

Este hechizo te ayudará cuando tengas que pagar un dinero y no sabes como conseguirlo, cuando necesites encontrar trabajo y para incrementar tus ingresos. Realízalo un domingo.

Ingredientes:

~ Miel
~ Una vela blanca
~ Un lápiz
~ Una foto tuya

Preparación:

Toma la vela blanca y escribe en ella con el lápiz tu petición, después cúbrela con miel. Pon junto a la vela tu foto. Prende la vela y di:

"Te pido a ti, ¡oh! Eterno, bendito seas por siempre Señor, que aceptes mi petición y le des toda tu luz, energía y bondad a esta vela, que ha sido creada por ti para que me sea concedida la petición que hago (se hace la petición tres veces)".

Naranja

El origen de la naranja se sitúa en China Meridional donde crece espontáneamente, lo mismo que en algunas islas del Pacífico. Los árabes la difundieron por el área mediterránea.

La cáscara y las semillas se añaden a los saquitos de amor, y las flores a los saquitos diseñados para la felicidad conyugal. Si se añaden flores frescas o secas al baño, hará más atractivo a quien se baña. La cáscara se coloca en polvos, inciensos y mezclas para obtener prosperidad.

En los rituales puede beberse jugo de naranja en vez de vino. Tomar una infusión hecha con cáscaras de naranja protegerá contra la embriaguez.

Trabajos con naranja

Hechizo para atraer el amor

Con este hechizo atraerás el amor. Escoge la fruta que esté dura y a punto de madurar.

Ingredientes:

~ Una naranja (si deseas atraer a un hombre)
~ Un limón (si deseas atraer a una mujer)
~ Dos cucharadas de canela triturada
~ Dos cucharadas de jengibre triturado

~ Un puñado de clavos enteros
~ Un plato blanco

Preparación:

Haz un hoyo en la naranja o limón según sea el caso.
Introduce los clavos a la fruta. Mezcla la canela y el
jengibre en el plato, pon la fruta sobre el plato y hazla
girar hasta que quede totalmente cubierta con la mezcla.
Deja la fruta sobre el plato hasta que esté totalmente
seca. Todos los días haz rodar la fruta en el plato. Cuando la fruta se haya secado, entiérrala en una maceta o
en el jardín.

Para curar una indigestión

Esta infusión es excelente para calmar el dolor abdo-
minal provocados por indigestión severa o colitis.

Ingredientes:

~ Cáscara de naranja
~ Hierbabuena
~ Agua

Preparación:

Pon la cáscara de la naranja y la hiebabuena en el
agua y prepara una infusión. De inmediato sentirás
alivio.

Nuez

El árbol de la nuez moscada es originario de las Islas Banda, un archipiélago minúsculo al Este de Indonesia (Moluccas). Hoy en día, se produce principalmente en Indonesia y Granada. Los datos acerca del uso de esta especia remontan al siglo I d. C., en que Plinio describe un árbol que da una nuez con dos sabores distintos.

El árbol del nogal, que alcanza unos quince metros de altura, es un ejemplo de fuerza y de constancia; antes de dar fruto (la nuez), necesita al menos 20 años de preparación. Existen dos tipos, el *Jungla regia*, de origen europeo y el *Jungla australis* también llamado Criollo o Salteño.

Desde la antigüedad, también se conocían las propiedades curativas de este árbol: el extracto obtenido por el cocimiento de las hojas posee propiedades astringentes. Además actúa contra las escrófulas (paperas) y previene los efectos contraproducentes de la edad adulta (debilidad general, impotencia, enfermedades infecciosas y en casos graves tuberculosis).

Por otra parte, la nuez integra las costumbres del amor y el casamiento; es símbolo del abandono de la casa paterna y de la época de soltería. En países como Italia, aún hoy se arroja junto con el arroz a los novios, siguiendo la costumbre de los antiguos romanos que tiraban nueces a la multitud para simbolizar el fin de todas las aventuras amorosas anteriores a la boda.

Pero curiosamente, desde la antigüedad, la nuez era símbolo de renovación de la vida y superación de la muerte. Así, podía simbolizar tanto una cosa como la otra.

En el Cercano Oriente se le considera aún el árbol de los difuntos y por ello se planta en los cementerios; en Europa en cambio, se planta cuando nace un niño.

En la zona del Mediterráneo se pensaba que el nogal era un árbol embrujado, pero como contrapartida, se colocan sus ramas en las ventanas para protegerse de los hechizos de las brujas.

Y una leyenda judía cuenta que nueve demonios habitaban bajo cada nogal. Nueve es el número del fin de ciclo, del final, de la perfección y de la transición a un nuevo ciclo. También son nueve los meses del embarazo, al cabo de lo cuales surge una nueva vida que reemplaza a la vieja

Todas las etapas de transformación o transición en la vida, están ligadas a la nuez. Para lograr la adaptación de las mismas, se deben superar las inseguridades personales que nos producen indecisión y ambigüedad, y estas contradicciones y similitudes no hacen más que mostrarnos que las propiedades y leyendas sobre este árbol acercan aún más la vida y la muerte.

Trabajos con nueces

Baño para poner fin a las relaciones

Con este baño le pondrás fin a esa relación que ya terminó, pero en la que sigue habiendo alguna conexión.

Ingredientes:

~ Seis nueces con cáscara
~ Un litro de agua

Preparación:

Pon a cocer a fuego lento el agua con las seis nueces sin pelar. Las nueces deberán estar así unas tres horas; ve añadiendo agua cuando se necesite. Aproximadamente el último litro de agua deberá enfriarse a temperatura ambiente, quita las nueces y añade el líquido resultante al agua de la bañera. Cuando estés en la bañera, reza sinceramente para terminar con la relación. Bajo ninguna circunstancia debes volver a tener relaciones sexuales con la otra persona después de haber tomado el baño.

Baño para potenciar la sabiduría

Este baño te despertará el yo intuitivo, provocando sueños profundos, adivinación y favoreciendo el trabajo psíquico.

Ingredientes:

~ Nuez moscada
~ Medio litro de agua
~ Aceite de pachulí
~ Aceite de sándalo
~ Una vela de color blanco

Preparación:

Pon a hervir la nuez moscada y déjala reposar. Prepara tu tina y vierte la infusión de la nuez moscada y unas gotas del aceite de pachulí y del aceite de sándalo. Prende la vela y toma un baño de veinte minutos.

Hechizo para restaurar el equilibrio

Este hechizo de purificación y limpieza te ayudará a recuperar el equilibrio y la frescura, tanto en el hogar como en ti mismo.

Ingredientes:

~ Varias nueces moscadas
~ Agua
~ Sal
~ Una vela de color blanco

Preparación:

Mezcla la sal con el agua y rocía un poco, en el sentido de las agujas del reloj mientras paseas por la casa. Durante el recorrido reza un Padre Nuestro. Esconde la nuez moscada entera en los cajones o en los armarios, en cada habitación de la casa o coloca un plato con ellas donde lo necesites. Enciende la vela blanca.

Agua energetizada con nuez moscada

Ingredientes:

~ Dos unidades de nuez moscada
~ Vinagre
~ Aceite de hígado de bacalao
~ Seis cucharaditas de miel
~ Agua

Procedimiento:

Coloca un litro de agua en una olla y coloca todos los ingredientes en ella, hirve todo a fuego lento. Cuando esté fría la puedes utilizar para potenciar el agua de cualquier trabajo.

Para alejar a un novio molesto

Ingredientes:

~ Nuez moscada rallada
~ Arena
~ Una lata vacía
~ Flores secas de jazmín
~ Carboncitos

Preparación:

Enciende los carbones y quema las flores con un poco
de ralladura de nuez moscada y arena. Ya que se con-
sumieron las flores, espera que esté frío todo y júntalo
en la lata vacía. Toma pequeños puños de estas cenizas
y espárcelas por donde suele caminar el novio molesto.

Pan

En casi todas las culturas se le ha conferido al pan
cierto grado de misticismo, más allá de la tradición
católica en donde el pan adquiere un carácter religioso.

En otras culturas este alimento es incluido en sus
rituales mágicos. Por ejemplo, en el antiguo Egipto, el
pan era un alimento sagrado, un regalo del dios Osiris
quien enseñó al pueblo cómo preparlo.

En México, el pan adquiere un significado muy
especial durante el día de muertos, ya que es parte
importante de la ofrenda que cada casa ofrece a sus
difuntos.

En el país Vasco, el pan es utilizado para apaciguar
el enojo de personajes míticos, como Maide, un genio
nocturno que se introduce en las casas por las chime-
neas. Las amas de casa no deben olvidar dejarle todas
las noches una pequeña ofrenda de pan junto a la chi-
menea. En caso de no poner ahí el pan, Maide podría
manifestar su enojo.

Trabajo con pan

Hechizo para que siempre haya alimento en la casa

Para evitar absorber energías negativas en tu casa, colócalo encima de la puerta de entrada.

Ingredientes:

~ Un pedazo de pan
~ Ramas de un encino
~ Cuatro flores blancas

Preparación:

Con las ramas de encino forma un círculo que se pueda poner en un balcón o en la puerta de la casa, por detrás. Coloca las flores blancas y en medio el pedazo de pan. Puedes cambiar el trozo de pan los viernes y el pedazo duro que quitas, mójalo en agua y échalo a los pájaros o palomas. Se debe de cambiar el ramo el primer día de cada mes.

Perejil

El origen del perejil se encuentra en el Mediterráneo; es probablemente la hierba más conocida en el mundo excepto en Asia.

El perejil se usa en los rituales de magia para atraer dinero.

Trabajos con perejil

Baño para el dinero

Ayuda para que entre el dinero en el hogar, ya que con este baño se atraerá fortuna.

Ingredientes:

- ~ Perejil
- ~ Agua
- ~ Canela
- ~ Esencia de menta
- ~ Vela verde

Preparación:

Pon a hervir un manojo de perejil con cinco, siete o nueve ramitas (siempre en números impares), y rajas de canela. Cuando esté listo, agrega esencia de menta y enciende una vela verde. Puedes darte de cinco a siete baños según tus necesidades.

Amuleto para la suerte en los negocios

Ingredientes:

- ~ siete ramas perejil
- ~ una cabeza de ajo
- ~ un trozo de tela blanca nueva

Preparación:

Confecciona una bolsita con la tela blanca y guarda ahí las ramitas de perejil y la cabeza de ajo pelado. Debe ser bendecida con agua bendita mientras rezas un Padre Nuestro y un Ave María, después di:

"Con la fuerza de esta agua bendita y de este amuleto que preparo líberarme de toda la envidia y mal. Gracias por contribuir a mis realizaciones y deseos personales. Protégeme, proporcionándome bienestar, salud y prosperidad".

Hechizo para conservar a la persona amada

Ingredientes:

~ Dos ramitas de perejil
~ Un trozo de hoja de papel blanca
~ Listón de color rojo

Este sencillo hechizo te servirá para conservar a la persona amada.

Preparación:

Escribe en el trozo de papel tu nombre y el de la persona amada. Toma las dos ramitas de perejil y el papel enrollado y átalos con el listón rojo. Una vez hecho esto, guarda el paquete en algún lugar de tu casa, que sea privado.

Hechizo para cambiar
la suerte

Con este hechizo llegará la buena suerte a tu hogar.
Realízalo un martes a las doce del día.

Ingredientes:

- ~ Cuatro manojos pequeños de perejil
- ~ Cuatro vasos con agua
- ~ Canela
- ~ Azúcar

Preparación:

Toma los vasos llenos de agua y agrégales un poco de
azúcar, un poco de canela, e introduce un manojo de perejil en cada uno. Reparte cada vaso en las cuatro
esquinas principales de tu casa, (si tiene más de un piso,
ponlos en la planta baja). Déjalos ahí durante una
semana.

Si compruebas que el perejil se deteriora muy
rápido, puede deberse a que existan malas energías.
No te preocupes, el perejil se va a encargar de reco-
gerlas y de conseguir que la suerte llegue a tu hogar.
Eso sí, una vez que esté marchito, tíralo. Cuando llegue
el martes siguiente, si quieres, puedes volver a realizar el ritual.

Pimienta

La pimienta es una planta perenne, nativa de la India, país que en la actualidad es uno de los mayores productores de esta especia. En América Latina el principal productor es Brasil y el país que más importa pimienta es Estados Unidos. A partir de las frutas se elaboran las dos clases conocidas de pimienta: la negra en que la fruta entera es secada y la blanca en que las frutas maduras son fermentadas para quitarles la cáscara. Los granos que quedan son sometidos a un proceso para secarlos.

En el siglo IV a. C. la pimienta es mencionada en Sanskrit como "pipalli". Al igual que la sal se le consideró muy pronto como una especia muy prestigiosa. La fuerte demanda de los romanos le dio aún más valor.

Trabajos con pimienta

Ritual para que te diga que sí

Ingredientes:
- ~ Diez granos de pimienta
- ~ Una varita de canela (tiene que ser pequeña)

Preparación:

Riega los diez granos de pimienta en el camino de tu casa a donde vayas a encontrarte con la persona.

Mientras tanto ve haciendo tu petición mentalmente; durante el ritual vas a traer la varita de canela en la boca.

Para alejar a una persona molesta

Antes de iniciar cualquier hechizo para alejar a personas, es necesario pensarlo muy bien, ya que puede alejarse para siempre.

Ingredientes:

- ~ Pimienta (de preferencia que sea adquirida en una tienda china)
- ~ Siete pizcas de comino, comprados en siete lugares diferentes

Preparación:

Se hacen polvo los ingredientes y se revuelven. El día que aparezca en la casa o en algún sitio la persona que queremos alejar, se soplan estos polvos sin que se dé cuenta.

Romero

La planta del romero habita en la región mediterránea del Sur de Europa y del Norte de África, creciendo espontáneamente o en cultivo en los suelos calcáreos, también en Asia menor. Actualmente se cultiva en todo el mundo.

En la antigüedad, el romero estaba consagrado a Afrodita la diosa del amor. Era una planta muy apreciada como afrodisíaco. Hombres y mujeres vivían encantados con sus efectos. La planta, de color verde persistente, era un símbolo de la eternidad, de la vida y de la inmortalidad.

El romero al quemarse emite unas poderosas vibraciones limpiadoras y purificadoras, y es usado para limpiar un lugar de energías negativas, sobre todo antes de realizar magia.

Es uno de los inciensos más antiguos. Cuando se pone bajo la almohada, asegura sueños libres de pesadillas. Si se pone debajo de la cama, protege de cualquier daño a quien duerme. También se cuelga en el porche o la entrada para impedir que se acerquen los ladrones. Esta planta se lleva consigo para conservar la salud. En el baño purifica. Las muñecas curativas se rellenan con romero para aprovechar sus vibraciones curativas. Las hojas de romero, mezcladas con bayas de enebro, se queman en la habitación del enfermo para estimular la curación. El romero se utiliza como sustituto del incienso.

Trabajos con romero

Baño para una buena salud

Ingredientes:

- ~ Romero
- ~ Ruda
- ~ Pétalos de rosa blancos
- ~ Esencia de sándalo

~ Esencia de rosa
~ Aceite de almendra
~ Una vela de color morado
~ Incienso de canela o jazmín

Preparación:

Pon a hervir el romero con la ruda y los pétalos. Posteriormente añádele las esencias de sándalo y rosa junto con el aceite de almendra. Ofrécele estos baños a tus Ángeles Guardianes durante cinco días, encendiendo la vela y el incienso para transformar lo negativo en positivo.

Hechizo para
atraer el amor

Con este hechizo atraerás el amor o lograrás que el amor correspondido perdure.

Ingredientes:

~ Romero
~ Tomillo
~ Albahaca
~ Cera de color rojo
~ Tela de color rosa

Preparación:

Calienta la cera o utiliza los restos de una vela mientras todavía están moldeables, y mezcla la cera con estas hierbas aromáticas relacionadas con el amor. Cuando la cera se enfríe forma con ella dos corazones. Envuélvelos después en la tela rosa y cuélgalos cerca de tu cama.

Para recuperar las energías

Cuando realices este trabajo, es preferible que te encuentres solo y relajado en tu casa.

Ingredientes:

- ~ Romero
- ~ Agua
- ~ Aceite escencial de romero
- ~ Una piedra pómez
- ~ Un difusor

Preparación:

Enciende el difusor y coloca un poco de agua sobre él, vierte un chorrito de la escencia de romero y unas ramitas de esta planta. Cuando se haya calentado el agua, coloca la piedra sobre el líquido. Al día siguiente, llévala contigo, ya sea en una bolsa de tu ropa o en la bolsa de mano.

Rosas

Las Rosas se han empleado durante mucho tiempo en mezclas de amor debido a su asociación con las emociones. Se aconseja llevar un ramo de rosas cuando se efectúan hechizos de amor (se deben quitar las espinas), o bien colocar un jarrón con una rosa en el altar.

El agua de rosas, destilada de los pétalos, se pone en el baño de amor. Los escaramujos (el fruto de las rosas), se ensartan o se llevan encima como cuentas que atraen el amor.

Beber un té hecho de capullos de rosa antes de acostarse, induce sueños proféticos.

Los pétalos y escaramujos de rosa se emplean en inciensos y hechizos curativos; y si te pones sobre las sienes un paño empapado en agua de rosas, te aliviará los dolores de cabeza.

También se ponen pétalos y escaramujos en las mezclas para la suerte y, cuando se llevan, actúan como protectores personales. Esparcir pétalos de rosa por toda la casa calma la tensión personal y los cataclismos del hogar.

Trabajos con rosas

Baño para encontrar una nueva pareja

Este baño te ayudará a encontrar un nuevo amor. Debes preparar la infusión durante una noche de Luna nueva.

Ingredientes:

~ Nueve pétalos de rosa blanca
~ Un cuarto de agua mineral o de lluvia

Preparación:

Prepara una infusión con el agua mineral o de lluvia y con los pétalos de rosa blanca. Deja enfriar la infusión.

Por la noche, te mojas el cuerpo con el té de rosas, del cuello hacia abajo, mentalizando la luz lunar y haciendo el pedido para encontrar pareja. Repite el baño los tres primeros días de Luna nueva. Estos baños se realizarán durante tres lunaciones, totalizando nueve baños.

Amuleto para atraer amor

Con este amuleto atraerás el amor más apropiado para ti. Llévalo contigo o en tu bolsa o bolsillo de los pantalones.

Ingredientes:

- ~ Cuatro pétalos de rosa rosada
- ~ Una vela rosa
- ~ Tela de algodón rosa
- ~ Un cuarzo pequeño
- ~ Una pizca de lavanda
- ~ Un trozo de raíz de jengibre

Preparación:

El viernes, con Luna creciente, en la segunda hora de la oscuridad, enciende la vela rosa. Corta la tela de algodón rosa de manera que te quede un círculo. Dentro del círculo pon los cuatro pétalos de rosa rosada, el cuarzo, la pizca de lavanda y el trozo de raíz de jengibre. Cierra el círculo y haz una bolsita con la tela. Sostén la bolsita frente a la llama de la vela y di en voz alta: "Invoco a los elementos y a la diosa Venus para cargar este amuleto y que atraiga amor en la manera más apropiada. Ofrezco mis bendiciones y gratitud, por todo el amor presente en mi vida y digo, que así sea."

Hechizo para que te haga caso

Con este hechizo verás resultados en tres días.

Ingredientes:

- ~ Una rosa roja
- ~ Doce velas blancas
- ~ Un envase de vidrio
- ~ Hoja de papel
- ~ Lápiz o bolígrafo

Preparación:

Quítale los pétalos a la rosa roja y métalos al envase. En la hoja escribe el nombre de la persona que te gusta y guárdala en el envase. Prende las velas por 20 minutos, después apágalas y cierra el bote. Entiérralo lejos de tu casa.

Ritual para que tu pareja no te domine

Este ritual será útil en parejas donde uno de los dos es muy dominante e incluso llegue a utilizar la violencia con el otro, deberás realizarlo en Luna nueva.

Ingredientes:

- ~ Tres tallos de rosa blanca
- ~ Siete espinas de rosa
- ~ Dos hojas de laurel
- ~ Tres tallos de ruda
- ~ Tres tallos de enredadera
- ~ Seis copas de vinagre de manzana

~ Una copa de ron o brandy
~ Una foto de tu pareja
~ Un pañuelo blanco

Preparación:

Primero se realiza un filtro de amor. Consiste en que durante todo el día anterior a la primera noche de Luna nueva, empezando desde el mismo amanecer, pongas a hervir los tallos, el laurel y las espinas en dos copas de vinagre de manzana hasta que casi se consuma el líquido. Agrega entonces dos hojas más y vuelve a hervir hasta que se reduzca por completo. Repite la operación una vez más con las dos copas de vinagre restantes. Una vez terminado el ciclo de hervores, retira los elementos y colócalos dentro de un pañuelo blanco. Consérvalos así.

La realización del hechizo se lleva a cabo en una noche de Luna nueva: Dirígete hacia un espacio al aire libre, arrodíllate, coloca frente a ti la copa de ron, brandy o cualquier otro licor dorado e introduce en ella la fotografía de tu pareja.

Permanece en actitud de vela durante media hora concentrado en equilibrar la relación que te está dominando. Luego sumerje los dedos índice y pulgar de cada mano en el líquido y humedece con ellos tu cuello y frota tu pecho.

Repite con vientre, pelvis y parte superior e interior de las piernas. Rocía tus labios con el licor. Apoya en ellos el dedo índice y pulgar de cada mano y besa las yemas. Retira todos los elementos y arrójalos a la basura. A partir del día siguiente, cambia la actitud ante tu pareja. Tendrás la fuerza de voluntad necesaria para equilibrar la relación.

Hechizo para provocar un enamoramiento

El hechizo funciona siempre que se trate de atraer a una persona que sea libre y no se perjudiquen los sentimientos de nadie.

Ingredientes:

- ~ Pétalos de rosa roja
- ~ Una foto tuya de cuerpo entero, reciente
- ~ Una foto de cuerpo entero de la persona querida, reciente
- ~ Pegamento blanco
- ~ Azúcar
- ~ Canela en polvo
- ~ Hilo rojo
- ~ Aguja
- ~ Maceta con flores rojas

Preparación:

Toma tu foto úntala con pegamento y déjale caer encima el azúcar. En la foto de la otra persona, unta el pegamento y deja caer sobre ella la canela en polvo. Pega las fotos de frente, metiendo en medio los pétalos. Haz una costura al rededor de las fotos con el hilo rojo y mételas en la maceta con flores de color rojo. Riégalas durante veintiún días por la mañana y al regarlas di los nombres de las dos personas.

Conjuro para que se enamore profundamente

Repitiendo este conjuro lograrás que la persona que quieres se enamore profundamente de ti. Hazlo en viernes, repitiéndolo hasta tres viernes seguidos.

Ingredientes:

- ~ Seis rosas rojas
- ~ Un metro de listón de seda rojo
- ~ Una foto tuya
- ~ Un metro de hilo de seda rojo
- ~ Una foto de la persona que quieres enamorar
- ~ Alguna fragancia que te guste
- ~ Un frasco de cristal grande

Preparación:

Quítale los pétalos a las seis rosas y échalos al frasco diciendo:

"Si te quiero enamorar, te tengo que amarrar, si escuchas este conjuro, de mí nunca te olvidarás".

Vierte la fragancia en el frasco con los pétalos. Comienza a enredar la fotografía de la persona querida con el listón rojo, mientras vas diciendo: "Si te quiero enamorar, te tengo que amarrar, si escuchas este conjuro, de mí nunca te olvidarás".

Cuando termines, amarra tu foto con el hilo rojo uniéndola a la foto anterior. Finalmente, métela al frasco. Tapa el frasco durante siete días y al octavo lo destapas para que el olor se vaya. Al noveno día la persona que hechizaste estará enamorado(a) profundamente de ti.

Ruda

Es originaria de Europa meridional, Mediterráneo, Eurasia y Canarias, y tiene una distribución cosmopolita, extendiéndose por el sudeste de Europa, norte de África, regiones mediterráneas y zonas templadas-cálidas.

La ruda tiene variadas cualidades mágicas. Colocar hojas de ruda sobre la frente elimina los dolores de cabeza. La ruda se pone en los inciensos y muñecas con fines curativos.

Oler ruda fresca despeja la mente en los asuntos amorosos y mejora los procesos mentales. Añadida al baño, rompe todos los hechizos y maldiciones que pudieran haber sido lanzados. También se añade a los inciensos y a las mezclas para exorcismos.

Es protectora cuando se pone en la puerta o se pone en saquitos, y si se frotan las flores frescas contra el suelo, devuelve cualquier hechizo negativo que haya sido enviado. Se emplea una rama de ruda fresca para salpicar agua de sal por toda la casa; así se limpia de energía negativa.

Trabajos con ruda

Ritual para la salud de los niños

Ingredientes:

- ~ Un manojo de ruda
- ~ Una cinta roja
- ~ Una vela blanca
- ~ Agua bendita

Preparación:

Primero hay que despojar el manojo de ruda con agua bendita y luego amarrarlo con la cinta roja y pasarlo por el cuerpecito del niño. Debes decir que así como le pasas las ramas éstas estarán absorbiendo toda la negatividad. Después, envuélvelas bien y ponlas al pie de un árbol para que absorban lo negativo antes de tirarlas. Reza tres Padres Nuestros y ofrece una vela blanca a la Santísima Trinidad.

Hechizo para contrarrestar una maldición

Este hechizo te librará de una maldición. Hazlo en lunes.

Ingredientes:

- ~ Tres trozos pequeños de raíz de ruda
- ~ Tres alfileres
- ~ La cáscara de medio limón

~ Una cucharada de sal de grano
~ Una botella de vidrio transparente

Preparación:

Coloca en la botella de vidrio transparente todos los ingredientes. Deja la botella en una ventana de tu elección y no la muevas de ahí.

Hechizo para alejar la negatividad

Este hechizo te librará de malas energías a donde quiera que vayas.

Ingredientes:

~ Tres hojas de ruda macho
~ Un cuarto de litro de agua

Preparación:

Pon a hervir el agua junto con las hojas de ruda macho, y cuando hierva, vaporiza las prendas de vestir que vayas a usar en esa ocasión.

Hechizo para atraer la suerte en el amor

Con este hechizo tendrás suerte en el amor. Realízalo en día viernes.

Ingredientes:

~ Una cucharada de aceite de ruda

~ Una cucharada de grasa vegetal
~ Siete gotas del perfume que usas normalmente
~ Un frasco pequeño de vidrio con tapa

Preparación:

Pon a hervir la cucharada de aceite de ruda, la cucharada de grasa vegetal y las siete gotas de tu perfume. Deja enfriar y guarda en el frasco herméticamente cerrado. Usa una gota en la zona del corazón y una en cada muñeca cada noche durante 21 días.

Amuleto para que no falte dinero

Con este amuleto no te faltará el dinero. Elabóralo en domingo.

Ingredientes:

~ Una planta de ruda
~ Tela color marrón
~ Un trozo de plástico

Preparación:

Confecciona una bolsita con la tela color marrón, que mida cinco centímetros aproximadamente. En ella mete todos los gajos de los extremos de los tallos de la planta de ruda, envueltos en el trozo de plástico. Llévala en la cartera o en la bolsa

Hechizo para combatir la envidia

Este hechizo te librará de las envidias, ya sea hacia tu casa, tu familia o tu trabajo

Ingredientes:

~ Diez gotas de zumo de ruda
~ Pedacitos de raíz de ruda
~ Un trozo de tela color rojo

Preparación:

Coloca las diez gotas de zumo de ruda sobre el trozo de tela roja, y pégala bajo el mueble principal de la habitación principal de la casa. Luego, ubica en cada rincón de la misma habitación, algunos pedacitos de raíz de ruda para limpiar. Esto deberá renovarse una vez al mes.

Sal

Los chinos y los egipcios intentaron precisar el tiempo y lugar en que se descubrió la sal, pero como su uso venía de mucho tiempo atrás, ninguno de ellos tuvo éxito en esta ardua tarea. Algunos sostienen que se descubrió sobre malezas flotando en el mar. Otros, que se encontró primero en forma de sal de roca. Más generalizada es la creencia de que la primera sal se encontró en depósitos dejados por la evaporación de agua de mar.

Más allá de ser utilizada como condimento, uno de los aspectos interesantes en la historia de la sal es que la denominada "mágica arena blanca", según la apodaban los indios de Norteamérica, ha jugado siempre un papel importante en las supersticiones y creencias religiosas del mundo, así también como una fuente de protección contra enfermedades e infortunio.

Debido a sus propiedades terapéuticas y a su virtud para sazonar los manjares, la sal ha sido objeto de gran número de supersticiones entre los pueblos de civilizaciones primitiva, mientras que en algunas religiones entra como materia litúrgica. En Arabia y otros países, el acto de comer sal en compañía es altamente sagrado, llegando a merecer el nombre de comunión de la sal. La sal tiene, además, cierto parecido en estas civilizaciones con la sangre y los alimentos fuertes, así, algunos pueblos primitivos que desconocían el uso de la sal, suplen la falta de ella en la comida con la sangre fresca. En las costumbres medievales la sal separaba a los miembros de la familia de los de la servidumbre. La sal, además, se utilizaba como material en los sacrificios, tanto los latinos como los griegos espolvoreaban con sal la cabeza del animal en el sacrificio que ofrecían a los dioses.

La sal tuvo un uso muy frecuente para la magia protectora y la curativa. Entre los naturales de Lao y de Siam, las mujeres recién paridas se lavan diariamente con sal y agua, en la creencia de que es una protección contra los hechizos. Los árabes de Marruecos esconden la sal en la oscuridad para ahuyentar a los malos espíritus, y en los países nórdicos se pone sal cerca de la cuna de los niños para protegerlos de toda mala influencia.

También se utilizaba la sal para dar solemnidad a los juramentos; así entre algunos pueblos primitivos, el que juraba sumergía el dedo en la sal y luego pronunciaba el juramento.

Entre los pueblos de lengua Nyanja del África Central, la mujer, al llegar a la pubertad, es recluida y se le prohíbe el uso de la sal; cuando llega el momento del matrimonio, al día siguiente de la noche de bodas, la recién casada echa sal en el plato que guisa y luego lo da a los parientes para que se froten con él, y de no dárselo, es señal de que su marido es impotente.

Aun hoy en día se cree que si alguien derrama la sal es señal de mala suerte, y para librarse de ella, hay que tirar otro poco de sal por la espalda. También podremos encontrar personas que duermen con una taza de sal gorda debajo de la cama para evitar mal de ojo.

Trabajos con sal

Hechizo para atraer la buena suerte

Con este hechizo lograrás que termine la mala suerte y atraerás la buena fortuna.

Ingredientes:

~ Sal de grano
~ Un plato blanco

Preparación:

Coloca el plato blanco con la sal de grano en tu buró y déjalo ahí durante siete días. Al octavo día arroja la sal en agua que corre. Repite la operación hasta que tu suerte haya cambiado.

Conjuro para evitar que te sean infiel

Con el siguiente hechizo podrás, tanto prevenir sus posibles infidelidades, como aniquilar alguna existente, si es que fuera el caso.

Ingredientes:

~ Tres granos de sal de grano
~ Perfume que acostumbres usar

Preparación:

Esconde los tres granos de sal en el bolsillo de alguna prenda de tu pareja, también coloca en el mismo lugar una gotita del perfume que acostumbres usar. Mientras haces esto, repite:

"Que la sal y mi perfume alejen de su vida a toda persona que quiera seducirlo(a) y conquistarlo(a). Que no lo(a) una la atracción, ni el entendimiento".

Repite el hechizo los días: lunes, viernes y sábados, durante un mes seguido.

Hechizo para detener
rupturas y abandonos

Este hechizo te será de utilidad en caso de que tu pareja atraviese una crisis personal y presientas que está a punto de suceder algo irreparable. Hazlo en Luna menguante.

Ingredientes:

- ~ Siete granos de sal marina
- ~ Una copa de agua de mar, montaña, río o manantial natural
- ~ Siete gotas de amoníaco
- ~ Una barra de azufre medicinal
- ~ Una copa de vodka, ginebra o anís
- ~ Un vaso o recipiente de madera
- ~ Siete gotas de leche entera
- ~ Siete gotas de esencia de jazmín

Preparación:

Por una parte, agrega el amoníaco al agua de mar o río y déjala reposar tres noches seguidas bajo la luz de la Luna; al terminar la tercera noche, agrégale los granos de sal marina y deja reposar una noche más. Por otro lado, en el recipiente de madera pulveriza la barra de azufre, pon ahí la bebida elegida y consérvala tapada con algo consistente (como un plato de té). Una vez realizados estos dos pasos, guarda ambos preparados en el congelador.

Antes del anochecer de la primera noche de Luna menguante, retira del congelador ambos preparados y sobre el agua con amoníaco congelada, pon las siete gotas de leche entera de vaca. Sobre la bebida alcohólica congelada pon las siete gotas de esencia de jazmín. Cuando salga la Luna, y con ambos preparados ya descongelados, dirígete a la habitación que compartes con tu pareja. Moja la base de las cuatro patas de la cama según este criterio:

- La de la cabecera del lado izquierdo, con media copa de agua

- La de la cabecera del lado derecho, con media copa de bebida

- La otra media copa de cada preparado, úsala para mojar las otras dos patas al contrario, o sea, la izquierda con bebida y la derecha con agua.

Lo único que deberás procurar es hacer el amor esa noche, y el peligro de ruptura se habrá alejado.

Conjuro para que aumente el dinero

Para mejores resultados, este conjuro realízalo en viernes con Luna creciente.

Ingredientes:

~ Sal de grano

Preparación:

Arroja sobre la hornilla de la cocina un puñado de sal, mientras chispea di:

"El dinero viene a mí con amor porque es energía móvil de Dios. Lo usaré con cuidado, sin egoísmo y será para todos una bendición".

Se repite tres veces, arrojando sal cada vez. La tercera vez se di:

"Así es y será. Amén".

Hechizo para una limpieza

Esta limpieza elemental es rápida y fácil para levantar tu ánimo o para renovar el ambiente.

Ingredientes:

~ Sal
~ Agua
~ Vela de color naranja

Preparación:

Aspira profundamente para expulsar el cansancio de tu cuerpo y para disipar los malos pensamientos. Lava con agua tu cara para disipar la negatividad. Toma un puñado de sal y restriega con ella tu frente, el pecho en la parte correspondiente al corazón y en el plexo solar para purificarte. Para quemar las impurezas y recargarse de energía positiva enciende la vela. Con esto te revitalizarás y se revitalizará tu entorno.

Hechizo para deshacer trabajos espirituales o materiales

Ingredientes:

- ~ Siete granos de sal
- ~ Jabón de tocador azul
- ~ Un recipiente
- ~ Cuarenta velas moradas
- ~ Una vela blanca
- ~ Un pergamino
- ~ Un lápiz
- ~ Agua de bendita de preferencia

Preparación:

Escribe en el jabón lo que quieres deshacer. Con los granos de sal haz una cruz sobre el jabón. En el pergamino debes escribir los problemas o los trabajos que deseas deshacer. Luego, coloca el pergamino debajo del recipiente. Pon dentro del recipiente el jabón ya trabajado y procede a llenarlo con el agua. Prende la vela blanca y déjala consumir al lado del recipiente. Reza un Padre Nuestro y un Ave María.

Baño para la limpieza astral

Ingredientes:

- ~ Medio kilo de sal marina
- ~ Medio kilo de bicarbonato de sodio

~ Una cucharadita de tila seca
~ Una cucharadita de manzanilla seca
~ Un litro de agua
~ Cinco gotas de tintura de yodo
~ Alcohol de romero

Este baño sirve para recuperar el equilibrio del campo electromagnético que posee cada persona. Puede ser demasiado fuerte para algunas personas, por lo que se recomienda hacerlo, principalmente, antes de acostarse. Las personas que posean un carácter muy fuerte o que estén sometidos a una gran tensión emocional, son las más indicadas para tomar este tipo de baño.

Preparación:

Pon a hervir el agua, cuando suelte el hervor agrega la tila y la manzanilla y deja reposar. Cuando esté frío cuela. Llena la bañera con agua caliente (a la máxima temperatura que puedas soportar, sin que sea excesiva). Añade el bicarbonato sódico y la sal marina, también vierte la infusión de tila y manzanilla, junto con las gotitas de tintura de yodo. Debes permanecer en la bañera por lo menos un cuarto de hora y sumergirte de vez en cuando, procurando aguantar debajo del agua. Después de salirte de la bañera, sécate muy bien y frota tu cuerpo con el alcohol de romero. Posteriormente, acuéstate a dormir.

Hechizo para que no entren las malas vibras a tu hogar

Con esta limpieza evitarás que entren las malas vibras a tu hogar; también se puede realizar en la oficina, negocio, etc. El mejor día para realizar esta limpia será un martes de Luna menguante. Primero deberás realizar una limpieza "concienzuda" del lugar, dejando que se ventile por un espacio no inferior a dos horas y después cierra todas las ventanas.

Ingredientes:

~ Un puño de sal común
~ Una cubeta con agua
~ Una copa de ron blanco
~ Cerillos de madera
~ Un puro habano
~ Dientes de ajo morado (tantos como esquinas haya en cada una de las habitaciones del lugar)
~ Un paño amarillo
~ Una maceta grande de barro en la que esté plantado un cactus
~ Un recipiente de cristal lleno de agua destilada
~ Una vela flotante de color amarillo

Preparación:

En la cubeta con agua pon la copa de ron y la sal. Trapea todas las habitaciones y servicios comunes en dirección a la puerta de entrada del lugar (se debe de utilizar agua limpia por cada habitación). Cuando termines de trapear en el recibidor, cierra el lugar y auséntate de él por un tiempo aproximado de media hora. Al volver a entrar, distribuye todos los ajos en el suelo de cada una de las esquinas de todas las habitaciones del lugar. Después enciende el puro con un cerillo de madera y sopla su humo encima de cada uno de los ajos. Finalizada la operación, apaga el puro y guárdalo. Los ajos ubicados en las esquinas deberán permanecer en el mismo lugar no menos de 48 horas. Pasado este tiempo, toma el paño amarillo y envuelve en su interior el puro y los restos de los ajos.

Toma la maceta que contiene el cactus y entierra el paquete hecho con el paño amarillo en la parte más profunda de la maceta. Coloca dicho cactus en el exterior de tu hogar o negocio. Terminado todo este proceso, limpia el ambiente de malos recuerdos, procurando que en los siguientes quince días arda en tu hogar, durante unos minutos diarios, la vela flotante dentro del agua del recipiente de cristal. Ésta será la encargada de iluminar tus intenciones y darte la fuerza necesaria para trabajar en pro de un futuro mejor.

Vainilla

La vainilla es la especia tropical más fina y disputada: la "reina entre las especias". La vainilla es originaria de México. Actualmente, las principales áreas de vainilla son Madagascar y Reunión. También se producen pequeñas cantidades en Tahití.

Se usa en saquitos para el amor; su aroma y su sabor se consideran afrodisíacos. Su semilla sirve para restaurar la energía perdida y para mejorar el intelecto.

Trabajos con vainilla

Conjuro para atraer a la persona amada

Este ungüento te ayudará a atraer a la persona amada, sin que pueda ofrecer resistencia.

Ingredientes:

- ~ Un pequeño trozo de vainilla
- ~ Un pequeño trozo de romero
- ~ Medio litro de aceite de oliva virgen
- ~ Los pétalos de tres rosas rojas
- ~ Los pétalos de tres geranios rosas
- ~ Una cucharadita de miel de azahar
- ~ Un frasco de cristal con tapa
- ~ Una vela roja

Preparación:

Mezcla bien todos los ingredientes. Una vez mezclados métalos en un frasco de cristal bien tapado. Debes bañarte durante dos noches en la luz de la Luna llena. Debes poseer también un objeto que pertenezca a la persona deseada, si es posible una foto, mejor. Empieza por manchar con el ungüento el objeto o foto. Después enciende la vela y di en voz alta:

"¡Uro mágnum! Que (el nombre de la persona deseada) venga hasta mí".

En un frasco pequeño deberás guardar una parte del ungüento para ponértelo detrás de las orejas un poco antes de ver a la persona.

Amuleto para la riqueza

Este amuleto va a traer todo tipo de riquezas a tu vida.

Ingredientes:

- ~ Una varita de vainilla
- ~ Una varita de canela
- ~ Un puñito de clavo
- ~ Un puñito de cardamomo
- ~ Un pedazo de tela verde de seda o algodón

Preparación:

Confecciona una bolsita con la tela verde en donde guardarás la varita de vainilla, la varita de canela, los clavos y el cardamomo, un tanto triturados para que quepan en la bolsita, no demasiado para que no se escapen por la tela. Cierra la bolsita y tráela siempre contigo.

Vinagre

El vinagre se conoce desde hace más de 4 000 años, ya en Mesopotamia se elaboraba la cerveza ácida, es decir el vinagre de la cerveza.

La palabra vinagre proviene del latín *vinum acre*, esto quiere decir que el vinagre como tal, tiene que proceder del vino. Por otro lado, las primeras noticias que se tienen sobre el vinagre de manzana provienen de Oriente y datan del año 5 000 a. C.

En la magia, el vinagre se ha identificado como un repelente de lo maligno, es por eso que se tiene la creencia de que colocar bolas de algodón empapadas de vinagre y colocadas en el alféizar de la ventana, mantienen alejado el mal de tu hogar.

Trabajos con vinagre

Vinagre Mágico

Con este vinagre podrás hacer infinidad de cosas, que te ayudarán a hacer posible muchos de tus sueños.

Ingredientes:

~ Un litro de vinagre de vino
~ Tres dientes de ajo pelados
~ Dos hojas de laurel
~ Una ramita de romero
~ Botella de vidrio con tapa

Preparación:

En un recipiente, que no podrás volver a utilizar, pon a cocer a fuego lento, durante un cuarto de hora el vinagre de vino, los dientes de ajo (pelados), las hojas de laurel y la ramita de romero. Después, déjalo enfriar a temperatura ambiente, para posteriormente guardarlo en una botella de vidrio y en un sitio oscuro.

A continuación vienen algunos hechizos en los que es necesario utilizar este Vinagre Mágico.

Hechizo contra el alcoholismo

Suele dar muy buen resultado, en casos no excesivamente graves.

Ingredientes:

- ~ Vinagre Mágico
- ~ Bebida alcohólica
- ~ Botella con tapa
- ~ Papel aluminio

Preparación:

Coloca en una botella una pequeña cantidad de la bebida o bebidas que acostumbre consumir la persona
que deseas ayudar; añádele la misma cantidad de Vinagre Mágico. Cierra la botella, lo más herméticamente
posible, envuélvela con papel aluminio y guárdala en
un sitio oscuro. Se aconseja enterrarla en una maceta.
Mientras haces todo el ritual, piensa con mucha energía
en que cada vez que esa persona beba, se le agriará la
bebida en la boca. Si la persona cambia de bebida, habrá
que repetir la operación con la nueva bebida favorita.

Hechizo contra el mal de ojo

Con este ritual, conseguirás retirar de tu cuerpo todas
las energías negativas; también te ayudará a mantener
una piel suave y limpia.

Ingredientes:

- ~ Una taza de Vinagre Mágico
- ~ Una taza de crema hidratante

Preparación:

Mezcla sin remover o batir, el Vinagre Mágico con la crema hidratante. Después, frótate el cuerpo con la mezcla, siempre desde la cabeza hasta los pies, de una forma enérgica. Posteriormente, y una vez pasado un cuarto de hora, date una ducha caliente para eliminar la mezcla. Hazlo tantas veces como sea necesario, pero siempre procurando como máximo dos baños en la semana.

Hechizo para limpiar un negocio

Para que logres mejores resultados, este hechizo deberás realizarlo los martes o los viernes.

Ingredientes:

- ~ Vinagre Mágico
- ~ Agua
- ~ Esencia de rosas
- ~ Esencia de romero

Preparación:

Añade al agua de trapear un poco de Vinagre Mágico, la esencia de rosas y la esencia de romero. Limpia siempre desde dentro del local hacia fuera. Posteriormente, pon unas gotitas de la misma mezcla en todos los rincones. Arroja el agua sobrante fuera del negocio.

Amuleto para la suerte

Este amuleto atrae el dinero y la suerte a quien lo lleve consigo. Hay que tenerlo y portarlo con mucho respeto; sin embargo hay que tirarlo si se cae al suelo, se pisa o si se rompe. Es uno de los talismanes más sencillos de realizar y uno de los más efectivos, pudiendo comprobar los resultados al mes de llevarlo. No puede prepararse para otra persona, tiene que ser preparado de forma personal, o bien por un profesional. Hay que renovarlo una vez al año, o bien cuando haya ocurrido un gran golpe de suerte. En estos casos, podríamos decir que el amuleto se ha agotado.

Ingredientes:

- ~ Vinagre Mágico
- ~ Una nuez moscada
- ~ Mercurio
- ~ Cera o pasta
- ~ Foto personal
- ~ Bolsita de franela o paño rojo
- ~ Hilo blanco
- ~ Alcohol de romero

Preparación:

Taladra hasta la mitad la nuez moscada, para después sumergirla en Vinagre Mágico durante nueve noches. A la mañana siguiente, saca la nuez del vinagre y tira éste fuera de tu casa. Dentro del hueco hecho al taladrar la nuez, pon una gota de mercurio (que puedes conseguir de un termómetro) y séllalo con cera o pasta.

Coloca la nuez junto a la foto personal, dentro de la bolsita de franela roja, y cose con hilo blanco con puntadas muy pequeñas. Esta bolsita tiene que estar sumergida en un vaso con alcohol de romero durante otras nueve noches.

Saca la bolsita, déjala secar a la sombra y espera que el alcohol se evapore. Cuélgate la bolsa en el cuello, y por la noche déjala junto a tus objetos más valiosos y personales.

Hechizo para atraer a la persona deseada

Este hechizo te ayudará a atraer a la persona deseada, ya sea que la conozcas o aún no. Realízalo un viernes.

Ingredientes:

- ~ Un poco de vinagre de vino
- ~ Un hisopo
- ~ Hoja de papel blanca
- ~ Una vela de color rojo

Preparación:

Humedece el hisopo en el vinagre de vino y escribe con el mismo, sobre el trozo de papel blanco, el nombre de la persona a quien quieres conquistar, o si no, tres características que te gustaría tuviera la persona que conocerás. Enciende la vela de color rojo y derrama cinco gotas de su cera sobre el papel. Guarda el papel entre tu ropa interior hasta que la persona llegue a ti.

Hechizo para combatir
la envidia

Con este hechizo lograrás combatir la envidia hacia tu persona.

Ingredientes:

- ~ Una botella con un litro de vinagre de alcohol
- ~ Tres dientes de ajo
- ~ Una rama de ruda macho
- ~ Hoja de papel blanca

Preparación:

En la botella con el vinagre de alcohol, mete los tres dientes de ajo, ya pelados, y la rama de ruda macho. Cierra herméticamente y guarda la botella en un lugar oscuro durante una semana. Pasado ese tiempo, escribe en la hoja de papel blanco tres veces tu nombre completo y enróllala. Introduce en la botella el papel y guarda la botella.

Hechizo para alejar
a un enemigo

Con este hechizo lograrás alejar a esa persona que te esté tirando mala vibra.

Ingredientes:

- ~ Vinagre blanco
- ~ Un frasco pequeño de vidrio, con tapa
- ~ Un pedazo de papel blanco
- ~ Un bolígrafo

Preparación:

Escribe en el pedazo de papel siete veces el nombre de la persona que quieres alejar de ti. En el pequeño frasco de vidrio, mete el pedazo de papel. Llena el frasco con vinagre blanco, tápalo muy bien y entiérralo lo más lejos posible de tu casa y bastante profundo en la tierra.

Conjuro para sacar las malas vibraciones

Ingredientes:

- ~ Vinagre blanco
- ~ Agua bendita
- ~ Rosario

Preparación:

En un recipiente mezcla el agua bendita y el vinagre. Luego, cuélgate el rosario en el pecho y con la mano derecha ve rociando el agua sobre tu cuerpo. A la vez que se va descargando, di:

"Que todas las bajas vibraciones que me están perturbando desaparezcan de mí y de mi ambiente. Amén".

Hechizo para atraer clientes

Con este hechizo lograrás atraer clientes para tu negocio.

Ingredientes:

- ~ Tres tazas de vinagre de vino
- ~ Un balde con agua
- ~ Una cucharada de incienso
- ~ Un trapo nuevo color blanco

Preparación:

Diluye en el balde con agua el vinagre de vino y el incienso, y deja reposar durante cinco horas. Posteriormente, moja el trapo blanco y nuevo y limpia el piso del local u oficina como lo haces normalmente. Pon especial atención en la entrada. Finalmente, escurre el trapo y seca.

Vino

Es curioso observar que todas las religiones atribuyen la invención del vino a un personaje concreto, a un ser taumatúrgico que ofrece a los hombres un bien patrimonial exclusivo de los dioses. Fue Osiris en la civilización egipcia, Noé en la judía y Dionisio en la griega.

Los egipcios no sólo atribuyeron a Osiris esta invención, sino que consideraron que el vino era uno de los principios de la vida, símbolo del espíritu que muere, como este dios, al ponerse el Sol, con la llegada de la noche, para renacer con la aurora y el nuevo día.

Las primeras referencias escritas sobre la vid y el vino (en la *Épica de Gilgamesh*, una versión anterior de la historia de la creación que conocemos bien a través del Génesis), se deben a los sumerios, incluso la primera representación de beber vino. Por ellos se sabe que el vino siempre era rojo (tinto) y dulce, y que se aromatizaba con especias, resinas de ciertos árboles y otros ingredientes. Sin embargo, la primera descripción de la elaboración de vino proviene de Egipto, de la tumba de un noble llamado Ptahhotep, y también proviene de allí el testimonio más antiguo de la fermentación con la levadura *Sacharomyces cerevisiae*, ya que se han hallado restos en una jarra de vino de alrededor del año 3 150 a. C.

El vino, tanto en Mesopotamia como en Egipto, era una propiedad y una bebida de reyes, por lo que no se popularizó, y el pueblo llano se tenía que conformar con la cerveza. Además, se servía no sólo como producto de disfrute, sino también como medicamento. Este uso del vino recibió un impulso extraordinario en la antigua Grecia. Hipócrates, conocido como "el padre de la Medicina" lo prescribía prácticamente en todas sus recetas.

Trabajos con vino

Hechizo para la limpieza de la casa

Con este hechizo limpiarás tu hogar de toda la mala energía. Por precaución, aplica primero la mezcla en un rincón no visible del piso para verificar que no se manche.

Ingredientes:

- ~ Siete diferentes clases de vino
- ~ Aceite de almendras
- ~ Agua de azahar
- ~ Pimienta
- ~ Manteca de cacao
- ~ Agua
- ~ Una vasija que se pueda colocar al fuego

Preparación:

Calienta la vasija y retírala del fuego; vierte en ella la manteca derrítela agrega el aceite y bate un poco. Añade un chorrito de cada uno de los siete vinos, (puedes utilizar vinos de bajo costo, lo importante es que sean de diferente color y sabor). Después añadé un chorrito de agua de azahar y finalmente siete puñitos de pimienta (es recomendable utilizar diferentes tipos de pimienta). Mezcla perfectamente los ingredientes hasta obtener una masa homogénea. Disuelve la pasta obtenida en agua caliente y pásalo con cuidado sobre el piso de tu casa.

Ritual para recobrar al ser querido

Si intentas recobrar a la persona amada, que se ha alejado o se está alejando de ti, este hechizo te ayudará.

Ingredientes:

- ~ Un litro de vino blanco
- ~ Una rama de laurel verde
- ~ Unos granos de uva
- ~ Una estampa de San Alejo
- ~ Una cazuela de barro
- ~ Vela de color verde

Preparación:

Pon en la cazuela de barro, la rama de laurel, las uvas y el vino. Pon la cazuela al fuego y deja que hierva para que se vaya evaporando el vino. Cuando el líquido haya quedado reducido a la mitad, más o menos, toma la estampa de San Alejo (o San Onofre) y di: "Siempre me quisiste y siempre me querrás, y marcharte de mí no te aconsejo, por el divino poder de San Alejo". Inmediatamente sumerge la estampa dentro del recipiente con el líquido y deja que se impregne de éste por completo. Una vez impregnada, sácala con cuidado con unas pinzas o cualquier utensilio que te sirva para no quemarte y déjala al aire libre para que se seque.

Cuando ya esté seca (no te preocupes si ha quedado algo deteriorada), colócala en un lugar donde puedas ponerle la vela verde, durante cinco días. Antes de irte a dormir recita la plegaria anterior, ante la vela y la estampa. Repite estos pasos durante cinco días.

Encantamiento
contra la aflicción

Con este encantamiento ayudarás a dar consuelo a quien lo necesite o a ti mismo.

Ingredientes:

- ~ Vino tinto
- ~ Agua
- ~ Un recipiente
- ~ Una vela amarilla clara
- ~ Un cuchillo
- ~ Dos trozos de tela blanca de algodón
- ~ Aceite de almendra

Preparación:

Llena con agua (si es de lluvia mejor) el recipiente; ponlo en un lugar oscuro iluminado por la vela amarilla clara. Toma el cuchillo y escribe sobre el agua lo que te aflige. Toma un trozo de tela de lana blanca y mójalo primero en el aceite y luego en un poco de vino tinto; lleva el trozo de tela mojada al recipiente con agua y exprímelo sobre el agua gota a gota mientras dices lo siguiente: "La oscuridad será claridad, lo duro será blando, lo amargo se volverá dulce por el poder de esta hoja de cuchillo y por el poder del agua". Deja el trozo de tela dentro del agua toda la noche hasta el siguiente amanecer, en ese momento sácalo del agua y escúrrelo. Déjalo secar sobre el otro trozo de tela blanca.

Mientras tanto, el contenido del recipiente debe ser vaciado dentro de un hoyo excavado en la tierra y luego cubierto de nuevo por la tierra. Cuando el trozo de tela esté seco, cóselo tipo bolsita junto con el otro trozo de tela blanca. Guárdala en un lugar seguro para que conserve sus poderes.

Guía de Inciensos

El incienso es considerado un elemento indispensable en los rituales mágicos. Los aromas y vibraciones del incienso sirven para disponer a quienes lo queman, a llegar a un estado de ánimo concreto, ya que los olores, en un lugar cerrado impregnado de incienso, despiertan en todos los presentes sensaciones y vivencias muy especiales.

A continuación se da una breve guía de algunos inciensos y sus usos.

Benjul
Para la purificación, la prosperidad y la mejoría de las facultades mentales. También sirve para borrar sentimientos negativos.

Canela
Se usa para la buena suerte, la protección de la casa y la atracción.

Cedro
Purifica, protege, acelera las curaciones y promover la espiritualidad. También se usa para conseguir dinero.

Cinamomo
Se quema para acentuar las facultades psíquicas, atraer dinero, acelerar las curaciones, proporcionar protección y fortalecer el amor.

Clavo
Para protección, exorcismo, dinero, amor y purificación. Se le considera un estimulante para despertar inquietudes.

Copal

Debe quemarse si deseamos protección, purificación y limpieza, así como para promover la espiritualidad y purificar cristales de cuarzo y otras piedras, antes de utilizarlas en los rituales mágicos.

Enebro

Es útil para exorcismos, protección, curación y amor.

Eucalipto

Ha de arder para aliviar la tensión y estimular el espíritu; también se usa para alcanzar el éxito, la prosperidad y el bienestar.

Gardenia

Impide el acceso de vibraciones negativas.

Geranio

Proporciona paz, armonía y atrae la buena fortuna.

Goma Arábiga

Ayuda a purificar el hogar y brinda protección.

Helecho

Debemos sahumar las hojas secas dentro de la casa para exorcizar el mal y fuera de ella para atraer la lluvia.

Jazmín

Se quema para atraer los buenos espíritus y aportar inspiración a quien lo utiliza.

Laurel

Se utiliza una pequeña cantidad para purificar, curar, proteger y también para acentuar las facultades psíquicas.

Lilas
Arden buscando un lugar para la tranquilidad y la paz espiritual.

Loto
Aleja las influencias negativas y proporciona un momento romántico de gran belleza.

Magnolia
Estimula la salud psíquica y la actividad mental, también ayuda al desarrollo espiritual.

Mirra
Utilizada para curaciones, protección, exorcismo, paz, consagración y meditación.

Nardo
Se utiliza para invocar las cualidades espirituales y bendiciones de la naturaleza.

Olíbano
Debemos quemarlo para protección, exorcismo, espiritualidad, amor y consagración.

Pachulí
Arde estimulando la atracción, separa lo negativo y proporciona paz, armonía.

Pimienta de Jamaica
Hay que quemarla si se desea dinero, suerte y aumentar las energías físicas.

Pino
Se utiliza para atraer el dinero, purificar, curar y realizar exorcismos.

Romero

Se quema para la protección, el exorcismo, la purificación y la curación, así como para conservar la juventud, y también para proporcionar amor y aumentar las facultades individuales.

Rosas

Sus pétalos arden como símbolo de atracción, y en la búsqueda de la belleza y de la paz espiritual.

Ruda

Al arder ayuda en los asuntos amorosos y alerta ante los peligros de la vida.

Salvia

Contribuye a la curación y la espiritualidad.

Sándalo

Lo quemaremos para la protección, la curación, el exorcismo y la espiritualidad.

Sangre de dragón

Se utiliza para el amor, la protección, el exorcismo y la potencia sexual.

Tomillo

Para la salud, la curación y la purificación.

Vainilla

Al quemarse llegarán buenas nuevas, tendremos mejor suerte y retoñarán las esperanzas.

Violetas

Genera energía positiva, abriéndonos una nueva dimensión espiritual.

Guía de Aromaterapia

Los aromas y su magia tienen una relación directa con los diferentes aspectos de nuestra vida y nuestras emociones. Al utilizarlos apropiadamente podemos lograr un equilibrio emocional, espiritual y hasta físico.

A continuación se mencionan algunos estados anímicos y condiciones físicas más comunes, así como los aromas que logran armonizarlos.

Aflicción
Benjuí, Ciprés, Hisopo, Mejorana, Melisa, Rosa.

Agotamiento
Albahaca, Benjuí, Canela, Cardamomo, Cilantro, Clavo, Espliego, Eucalipto, Geranio, Limón, Mejorana, Menta, Romero, Salvia, Tomillo.

Amor
Aloe, Aquilea, Cardamomo, Cilantro, Clavel, Fresa, Gardenia, Hierba Luisa, Jacinto, Jazmín, Jengibre, Lavándula, Lila, Lirio, Manzana, Mimosa, Narciso, Nardo, Nenúfar, Palmarrosa, Romero, Rosa.

Ansiedad
Albahaca, Alcanfor, Benjuí, Bergamota, Caléndula, Cedro, Ciprés, Enebro, Espliego, Geranio, Jazmín, Mejorana, Melisa, Olfibano, Pachulí, Petitgrain, Rosa, Sándalo, Tomillo, Ylang Ylang, Belleza, Nardo, Nébeda, Rosa, Vainilla.

Castidad

Alcanfor, Lavándula, Mejorana.

Conciencia psíquica

Anís estrella, Apio, Aquilea, Canela, Laurel, Lengua de ciervo, Lirio, Macia, Nuez moscada, Pomelo.

Confusión

Albahaca, Ciprés, Eucalipto, Geranio, Menta, Olfibano, Pachulí, Romero.

Conmoción

Albahaca, Alcanfor, Cedro, Espliego, Geranio, Manzanilla, Melisa, Menta, Nerolí, Rosa.

Curación

Cilantro, Ciprés, Clavel, Clavo, Eucalipto, Gardenia, Lúpulo, Melón, Menta, Mirra, Niaouli, Palmarrosa, Pino, Sándalo.

Decaimiento

Ajo, Albahaca, Alcanfor, Benjuí, Canela, Cardamomo, Cilantro, Clavo, Enebro, Espliego, Eucalipto, Geranio, Hisopo, Jazmín, Mejorana, Menta, Romero, Salvia, Tomillo, Toronjil.

Depresión

Albahaca, Jazmín, Toronjil, Ylang Ylang.

Desconfianza

BenjuíManzanilla, Rosa.

Dinero

Albahaca, Cedro, Haba Tonca, Jengibre, Liquen de roble, Nuez moscada, Pachulí, Salvia, Toronjil, Vetiver.

Emociones (para calmarlas)

Azahar, Hierba de Sta. María, Narania, Ruda.

Energía Física

Ajo, Alcanfor, Alcaravea, Azafrán, Canela, Capuchina, Clavel, Jengibre, Laurel, Lima, Limón, Menta, Naranja, Pachulí, Pimienta negra, Pino, Poleo, Vainilla.

Energía mágica

Clavel, Galanga, Jengibre, Laurel, Naranja, Nuez moscada, Pino, Vainilla.

Espiritualidad

Aloe, Cedro, Gardenia, Jazmín, Mirra, Olíbano, Sándalo, Ylang Ylang.

Éxito

Asperilla, Pachulí.

Felicidad/Alegría

Albahaca, Azahar, Bergamota, Guisante de olor, Manzana, Naranja, Nardo, Nenúfar.

Histeria/Pánico

Albahaca, Alcanfor, Benjuí, Bergamota, Cedro, Enebro, Espliego, Geranio, Hierba de limón, Jazmín, Manzanilla, Mejorana, Melisa, Menta, Nerolí, Olíbano, Palo de rosa, Romero, Rosa, Tomillo, Ylang Ylang.

Impaciencia

Alcanfor, Alcaravea, Ciprés, Espliego, Manzanilla, Mejorana, Melisa, Menta, Nerolí, Olíbano, Palo de rosa, Rosa, Salvia, Ylan Ylang.

Insomnio

Albahaca, Alcanfor, Benjuí, Bergamota, Cedro, Ciprés, Enebro, Espliego, Geranio, Jazmín, Mejorana, Melisa, Menta, Mirra, Mirto, Naranjo, Nerolí, Olíbano, Rosa, Salvia, Sándalo, Tomillo, Ylang Nlang, Ira, Mang Ylang, Manzanilla, Melisa, Rosa.

Longevidad

Clavel, Hinojo, Romero, Vainilla.

Meditación

Aloe, Benjuí, Copal, Jazmín, Magnolia, Manzanilla, Mirra, Nuez moscada, Olíbano, Sándalo, Vainilla.

Memoria

Albahaca, Canela, Cardamomo, Cilantro, Clavo, Espliego, Geranio, Hisopo, Lirio del valle, Menta, Romero, Salvia, Tomillo, Ylang Ylang.

Mente (para estimularla)

Albahaca, Alcaravea, Azafrán, Café, Eneldo, Hierba de Sta. María, Hisopo, Laurel, Lavándula, Lirio del valle, Menta, Pimienta negra, Poleo, Romero, Ruda, Salvia, Tomillo, Toronjil.

Paz

Azucena, Bergamota, Esteva, Fresa, Gardenia, Jazmín, Jengibre, Lavándula, Lirio del valle, Manzana, Manzanilla, Mejorana, Nardo, Nébeda, Nenúfar, Retama, Rosa, Toronjil.

Poder

Clavel, Lila, Mimosa, Nardo, Romero, Sándalo.

Prosperidad

Asperilla, Canela, Madreselva, Menta, Tonca, Vetiver.

Perotección

Ajo, Albahaca, Capuchina, Cebolla, Clavo, Comino, Enebro, Galanga, Geranio, Lima, Menta, Niaciuli, Perejil, Pimienta negra, Pino, Poleo, Retama, Vetiver.

Proyección astral

Artemisa, Cinamomo, Sándalo, Ylang Ylang.

Purificación

Ajo, Alcanfor, Aloe, Azahar, Copal, Enebro, Eneldo, Eucalipto, Hierba de Sta. María, Hierba Luisa, Hisopo, Jengibre, Laurel, Lila, Lima, Limón, Naranja, Pino, Pomelo, Retama, Toronjil, Tulipán.

Sabiduria

Mirra, Olíbano, Salvia, Sándalo.

Salud (para conservarla)

Ajo, Clavel, Eucalipto, Lavándula, Limón, Melón, Pino, Romero, Ruda, Tomillo.

Sexo (afrodisiacos)

Azahar, Cardamorno, Jazmin, Jengibre, Pachulí, Rosa, Sándalo, Vainilla.

Sexo (antiafrodisiacos)

Alcanfor, Mejorana.

Sueño

Apio, Bergamota, Jacinto, Jazmín, Lavándula, Lúpulo, Manzanilla, Mejorana.

Sueño (para protegerlo)

Azahar, Menta, Naranja, Romero, Toronjil.

Sueños (psíquicos)

Artemisa, Caténdula, Espliego, Jazmín, Mimosa, Narciso.

Suerte

Canela, Ciprés, Madreselva, Pachulí, Verbena.

Temor

Albahaca, Enebro, Jazmín, Manzanilla, Nerolí, Palo de rosa, Salvia, Toronjil.

Tranquilidad

Azahar, Caléndula, Clavel, Geranio, Lavanda, Manzanilla, Romero, Rosa.

Valor

Aquilea, Cebolla, Cedro, Clavo, Geranio, Güisante de olor, Hinojo, Jengibre, Pimienta negra,Ttomillo.

Vitalidad

Clavel, Pimienta negra, Romero, Vainilla.

Índice